ニチガク式学習支援!!

日本学習図書（ニチガク）

ニチガクの家庭学習支援

Web学習サポートサービス

JN035402

こんなこと…ありませんか？

「ニチガクの問題集…買ったはいいけど、、、
この問題の教え方がわからない（汗）」

メールでお悩み解決します！

- ☆ホームページ内の専用フォームで必要事項を入力！
- ☆教え方に困っているニチガクの問題を教えてください！
- ☆確認終了後、具体的な指導方法をメールでご返信！
- ☆全国どこでも！スマホでも！ぜひご活用ください！

<質問回答例>

学習のポイント

推理分野の学習では、後の学習に活きる思考力を養うことができます。ご家庭で指導する場合にも、テクニックにたよらず、保護者の方が先に基本的な考え方を理解した上で、お子さまによく考えさせることを大切にして指導してください。

Q.「お子さまによく考えさせることを大切にして指導してください」と学習のポイントにありますが、考える習慣をつけさせるためには、具体的にどのようにしたらいいですか？

A. お子さまが考える時間を持てるように、質問の仕方と、タイミングに工夫をしてみてください。
たとえば、「答えはあっているけど、どうやってその答えを見つけたの」「答えは○○なんだけど、どうしてだと思う？」という感じです。はじめのうちは、「必ず 30 秒考えてから手を動かす」などのルールを決める方法もおすすめです。

まずは、ホームページへアクセスしてください!!

http://www.nichigaku.jp　日本学習図書　検索

目指せ！合格！

家庭学習ガイド
城星学園小学校

ペーパー　運　動　工作・巧緻性　親子面接

入試情報

応募者数：男女 236 名
出題形態：ペーパー、ノンペーパー
面　　接：保護者・志願者
出題領域：ペーパー（記憶・数量・図形・常識・言語 など）、
　　　　　制作、巧緻性、運動

入試対策

2023 年度の入試は、感染症対策をしながら午前にペーパーテスト、午後に行動観察・巧緻性・運動という例年通りの形で行われました。ペーパーテストは、記憶、数量、図形、常識、言語という、昨年とほぼ同じ分野からの出題です。基礎的な問題が多いため、取りこぼしがないように対策をする必要があります。また、お話の記憶は、例年、聖書に関する内容が出題されています。聖書には慣れていないお子さまが多いかと思いますが、しっかりと聞いていれば解ける問題ですので、読み聞かせを重ね、対応できるようにしましょう。いずれにしても出題分野は広いので、幅広い分野を学習することを心がけてください。午後の運動も基本的には個人で行うものでした。これは今回のみの実施かもしれません。試験全般を通してみると、学力だけではなく、コミュニケーション能力が必要な試験であることに変わりはありません。当校の面接は、志願者の答えに対し、「それはどういうことですか」「他には何かありますか」など、追いかけの質問があることが特徴です。普段から、お子さまに追いかけの質問をして慣れておくようにし、お子さま自身に考えを言語化させる力をつけるようにしましょう。

- 「常識」分野では理科的知識のほか、マナーや季節、数え方に関する問題が出題されます。
- 巧緻性では片付けをするという課題があります。おうちの人の手伝いをしているのか、といったような日常生活でのふるまいを観ているようです。
- 面接までは、絵本が用意してある机で待機します。ていねいに扱い、順番が来たら、必ず机の上は綺麗にしてから移動するようにしてください。
- 面接が終わると、先生からお子さまに受験票が渡されます。その際の対応の様子も観られていますので、必ずお礼と挨拶を言えるようにしましょう。

「城星学園小学校」について

＜合格のためのアドバイス＞

多分野から出題されることが特徴のペーパーテストについては、幅広い学習が不可欠です。苦手分野をつくらないように、間違った問題については、間違いや不注意の原因をその度に把握するようにしてください。本校の入試は、指示の聞き取りが重要です。すでに理解している問題でも、出題形式の違いや言葉の言い回しで、難しく感じる場合があります。さまざまな分野の問題を通して、指示を理解しているかどうかを見きわめましょう。

巧緻性では、片付けの指示が出されています。作品の出来だけではなく、指示を聞く時の態度や道具の扱い方などにも注意しましょう。片付ける習慣はあたりまえのことです。しっかりと身につけておいてください。また、普段から楽しみながら物作りをすることで、本番では緊張せず取り組むことができるでしょう。

運動の課題では、基本的な身体の動作です。これは運動のできの良し悪しを観ているのではなく、取り組む姿勢やどのように振る舞うか観られています。他者を尊重する姿勢や、指示の遵守なども観点になります。細かな決まりごとを聞き逃すことのないよう、最後まで集中して指示を聞くようにしてください。

面接試験は、例年同様、志願者と保護者（どちらか１名でもよい）を対象に試験日前に行われました。保護者には、学校のこと、子どものこと、宗教について質問がありました。また、試験日前に行われた説明会についての質問もあったようですので、必ず参加するようにしてください。

本校は、面接を大切にしています。面接中の親子のやりとりなどでふだんのお子さまと保護者の方の素顔を観ているようです。ご家庭での話し合いを多く持ち、何を聞かれても明るく元気に、礼儀正しく対応できるようにしておきましょう。

〈2023 年度選考〉

◆面接（考査日前に実施）
◆ペーパーテスト：お話の記憶、見る記憶、数量、推理、常識、言語
◆運動：バービージャンプ
◆制作：お花づくり
◆巧緻性：ちぎり

◇過去の応募状況

2023 年度	男女 236 名
2022 年度	男女 230 名
2021 年度	男女 239 名

入試のチェックポイント

◇受験番号は…「願書提出順」
◇生まれ月の考慮…「なし」

〈本書掲載分以外の過去問題〉

◆記憶：動物が持っていたボールの種類を覚え、線で結ぶ。[2021 年度]
◆数量：見本と同じ数のお花を束ねる時、余りがないお花はどれか。[2020 年度]
◆図形：見本の形を作る時、使わない形はどれか。[2021 年度]
◆言語：描いてある絵をしりとりでつなげる。[2021 年度]
◆推理：両端を引っ張ると結び目ができる紐はどれか。[2021 年度]
◆巧緻性：３色のおはじきをそれぞれの色のコップに入れる。[2021 年度]

目指せ！合格！

家庭学習ガイド
帝塚山学院小学校

ペーパー　個別テスト　工作・巧緻性　行動観察　口頭試問　保護者面接

入試情報

応募者数：男女 168 名
出題形態：ペーパー、個別テスト
面　　接：保護者
出題領域：ペーパー（お話の記憶、聴く記憶、図形、数量、言語、常識など）
個別テスト（口頭試問・指示行動）、制作、行動観察、食事テスト

入試対策

入学試験はペーパーテスト→個別テスト（口頭試問・指示行動）→行動観察→食事テスト（給食）→制作という流れで行われました。当校入試は、「お話の記憶」「図形」「数量」「言語」「常識」などの幅広い分野から出題されています。「図形」「数量」の分野では、さまざまな内容が年度ごとに入れ替わって出題されているので、直近の問題だけではなく２年分以上の問題を解くようにしてください。ほかの分野で言えば「言語」「常識」なども頻出ですが、いずれも日常生活で得る知識を問うものです。暮らしで得る知識も大切にしてください。また、解答用紙は冊子になっています。問題によっては、用紙が複数枚に渡っているものもあり、その場合は自分でめくって解かなければなりません。解き忘れてしまうことのないよう、練習の時から意識するようにしましょう。そして、ここ２年間、制作や巧緻性の問題が出題されています。今後、頻出の分野となる可能性があるため、普段のお絵描きや工作の機会を利用して、対策を立てるとよいでしょう。「行動観察」は、当校入試ならではの「食事（集団で摂る給食）」も行われていますが、コロナ禍になってから、感染症対策としておもちゃの食べ物が使われています。練習では、お箸の持ち方やお椀の扱い方など、一つひとつの細かな動作に加え、その一連の流れができるかどうかも確認してください。保護者面接は、基本的な内容が質問されるようです。しかし、質問の数は少なく、一つの質問に追いかけで質問される可能性があります。家庭内でしっかりと話し合い、方針を固めておくと対応できるでしょう。

●「お話の記憶」は毎年出題されています。本の読み聞かせは、親子間のコミュニケーションが取れることはもちろん、「記憶力」「想像力」「集中力」「語彙力」「理解力」を養うことができ、すべての学習の下地づくりになります。

●ここ数年を見ると「図形」に関しては、「欠所補完」「合成」「回転」「同図形」「重ね図形」を中心に出題されています。「数量」では「聞き取り」「足りない数」「数の差」「一番多い数」「選んで数える」が出題されています。

●行動観察は、控室で自由遊びをしている時に呼ばれて、教室に移動します。控室には、折り紙や絵本などがあり、「静かにすること」「動き回らないこと」と指示が出ます。必ず指示を聞き、試験外だと気を緩めないようにしましょう。

「帝塚山学院小学校」について

＜合格のためのアドバイス＞

当校は「力の教育」を建学の精神として設立され、「意志の力、情の力、知の力、躯幹の力」を身に付けた、力のある全人教育を行っています。「コミュニケーション力のある子ども」「深く思考する子ども」「自ら動ける子ども」「創造できる子ども」の育成を目指す「探究型」教育を早くから取り入れるなど、常に新しいことに挑戦する校風で人気があります。系列である住吉校舎の帝塚山学院中学校・高等学校には、関西学院大学へ内部進学可能なコースが設置されています。

2023年度の入学試験は、ペーパーテスト、個別テスト、制作、行動観察、食事テスト、保護者面接、保護者アンケートなどが長時間にわたって実施されました。感染症対策は行われていたものの、概ね例年通りでした。試験全体を通して、志願者、家庭の両方を評価するものになっています。

ペーパーテストでは、「お話の記憶」、「聴く記憶」、「図形」では回転、「数量」は選んで数える問題が出題されました。その他「言語」の言葉の音（おん）、「常識」など幅広い分野から出題されています。お子さまの得意、不得意分野を見きわめ、学習計画を立て、しっかりと基礎から学習を重ねることが大切です。また、机の上での学習のみならず、普段の遊び、お手伝いや会話などをうまく使って、楽しみながら学ぶことも成果につながります。

行動観察では自由遊び、指示行動での課題があります。指示行動では口頭試問も同時に実施されたようです。試験に取り組むお子さまの姿を通して、基本的なしつけ、生活習慣、社会性、道徳観が観られるため、日常生活や親子関係から、しっかりとそれらを身に付けさせておくことが大切です。

例年出題されている「食事のテスト」では例年実際の食事（本年度はおもちゃで代用）が出されます。保護者の方は、試験対策として特別なことをするのではなく、ふだんの食事を利用して、マナーの指導をしておきましょう。常識分野の問題の１つとして、お子さまの日常生活における規範を高めるという意識で指導すれば問題ありません。

〈2023年度選考〉

＜面接日＞

◆アンケート（保護者面接時に提出）
◆保護者面接

＜考査日＞

◆ペーパーテスト（お話の記憶・聴く記憶・常識・数量・言語・図形）
◆個別テスト（口答試問・指示行動）
◆制作：誕生日カードづくり
◆行動観察：コップタワーづくり
◆食事テスト

◇過去の応募状況

2023年度	男女	168名
2022年度	男女	153名
2021年度	男女	146名

入試のチェックポイント

◇受験番号は…「ランダムに決める」
◇生まれ月の考慮…「なし」

城星学園小学校
帝塚山学院小学校
過去問題集

〈はじめに〉

　現在、少子化が叫ばれているにもかかわらず、私立・国立小学校の入学試験には一定の応募者があります。入試は、ただやみくもに学習するだけでは成果を得ることはできません。志望校の過去における出題傾向を研究・把握した上で、練習を進めていくこと、試験までに志願者の不得意分野を克服していくことが必須条件です。そこで、本問題集は小学校を受験される方々に、志望校の出題傾向をより詳しく知って頂くために、出題頻度の高い問題を結集いたしました。最新のデータを含む精選された過去問題集で実力をお付けください。
　また、志望校の選択には弊社発行の「**2024年度版　近畿圏・愛知県　国立・私立小学校　進学のてびき**」をぜひ参考になさってください。

〈本書ご使用方法〉

◆出題者は出題前に一度問題を通読し、出題内容などを把握した上で、〈**準　備**〉の欄に表記してあるものを用意してから始めてください。
◆お子さまに絵の頁を渡し、出題者が問題文を読む形式で出題してください。問題を読んだ後で、絵の頁を渡す問題もありますのでご注意ください。
◆「**分野**」は、問題の分野を表しています。弊社の問題集の分野に対応していますので、復習の際の目安にお役立てください。
◆一部の描画や工作、常識等の問題については、解答が省略されているものがあります。お子さまの答えが成り立つか、出題者が各自でご判断ください。
◆〈**時　間**〉につきましては、目安とお考えください。
◆本文右端の［**○年度**］は、問題の出題年度です。［**2023年度**］は、「2022年の秋に行われた2023年度入学志望者向けの考査で出題された問題」という意味です。
◆**学習のポイント**は、指導の際にご参考にしてください。
◆**【おすすめ問題集】**は各問題の基礎力養成や実力アップにご使用ください。

〈本書ご使用にあたっての注意点〉

◆文中に**この問題の絵は縦に使用してください。**と記載してある問題の絵は縦にしてお使いください。
◆〈**準　備**〉の欄で、クレヨン・クーピーペンと表記してある場合は12色程度のものを、画用紙と表記してある場合は白い画用紙をご用意ください。
◆文中に**この問題の絵はありません。**と記載してある問題には絵の頁がありませんので、ご注意ください。なお、問題の絵の右上にある番号が連番でなくても、中央下の頁番号が連番の場合は落丁ではありません。
下記一覧表の●が付いている問題は絵がありません。

問題1	問題2	問題3	問題4	問題5	問題6	問題7	問題8	問題9	問題10
問題11	問題12	問題13	問題14	問題15	問題16	問題17	問題18	問題19	問題20
●									
問題21	問題22	問題23	問題24	問題25	問題26	問題27	問題28	問題29	問題30
	●					●			●
問題31	問題32	問題33	問題34	問題35	問題36	問題37	問題38	問題39	問題40
			●						
問題41	問題42	問題43	問題44	問題45					
		●		●					

㊢ 先輩ママたちの声！

◆実際に受験をされた方からのアドバイスです。
ぜひ参考にしてください。

城星学園小学校

・ペーパーテストの中で鉛筆の持ち方をチェックされたようです。正しい姿勢や持ち方を心がけておいた方がよいと思います。

・試験は、ペーパーテストの点数だけでなく、試験に臨む態度をとてもよく観られている印象を受けました。

・面接は和やかな雰囲気で行われました。早く終わる組もあれば長くかかった組もありましたが、面接時間の長さと合否はあまり関係がないように感じました。

・面接１枠の時間帯（約15分）に２組の家庭が呼ばれました。面接までの待ち時間は、家族で１つの会議机に座り、机には絵本が３冊ずつ用意してありました。待合室はそこまで緊張感はありませんでした。

・面接では、持ち物を置くように指示がありました。待っている間に、荷物をまとめておいた方がスムーズかと思います。

帝塚山学院小学校

・説明会では、入学試験についての詳しい説明がありました。ぜひ参加されることをおすすめします。

・今年の試験では、おもちゃの食べ物を使用して、食事テストがおこなわれました。マナーだけでなく、その場で出される指示に注意する必要があります。

・ペーパーの解答用紙は、冊子になっていました。１つの問題で複数枚ある場合もあるため、解き忘れることがないように気を付けてください。

・行動観察前に待機している控室には、絵本や折り紙などが置いてあります。ていねいに扱うようにしましょう。

〈城星学園小学校〉

※問題を始める前に、本書冒頭の「本書ご使用方法」「本書ご使用にあたっての注意点」をご覧ください。
※本校の考査は鉛筆を使用します。間違えた場合は×で訂正し、正しい答えを書くよう指導してください。

**保護者の方は、別紙の「家庭学習ガイド」「合格ためのアドバイス」を先にお読みください。
当校の対策および学習を進めていく上で役立つ内容です。ぜひご覧ください。**

2023年度の最新問題

問題１　分野：記憶（お話の記憶）

〈準備〉　鉛筆

〈問題〉　お話をよく聞いて、後の質問に答えてください。

ある日、王様は、健康で頭のよい少年を４人集めました。そして、王様は、あとで自分の家来にするために、毎日、少年たちにお肉とお酒を与えました。しかし、少年たちは、お肉とお酒を断り、受け入れることはありませんでした。少年たちは、真の神様を信じており、お肉とお酒を入れると、身体が汚れると思ったのです。しばらくして、少年たちの仕事ぶりが、王様に認められるようになった頃、王様は、悪夢にうなされるようになりました。頭のよい博士たちがやってきて、その夢を解き明かそうとしましたが、誰も分からず、王様は大変怒りました。すると、１人の少年が、真の神様に向かって、夢を解き明かすことができるようにお祈りしました。そして彼は、こう言いました。「王様が見たのは、大きな人形の夢です。その人形は、頭は貝、足は石、手は草、お腹と胸は丸太でできています。王様は、その人形が壊れる夢を見てしまったので、うなされるようになりました。しかし、材料を集めて、この町で人形を作ったら、その夢を見なくなるでしょう。」これを聞いた王様は大変驚き、早速、人形を作りました。そして、町の人たちを集め、「音を鳴らす時は、この人形に挨拶をしなさい。そうでないと、燃えている倉庫に閉じ込めるぞ。」と言いました。しかし、少年たちは、人形に礼をしようとはしませんでした。少年たちが信じているのは、真の神様だけなのです。それを聞いた王様は大変怒り、少年たちを燃えている倉庫に閉じ込めました。しかし、不思議なことが起こりました。少年たちとその神の子は、倉庫の中を自由に歩いていたのです。王様はとても驚き、少年たちが信じている真の神様を、やっと認めたのでした。

①集められた少年は何人いましたか。上の段にその数だけ○を書いてください。
②大きな人形の手は、何で作られていましたか。下の段から選んで○をつけてください。

〈時間〉　各15秒

〈解答〉　①○４つ　②右から２番目（草）

学習のポイント

お話の記憶は、体験したことがある内容に近ければ近いほど、記憶に残りやすくなると言われています。しかし、当校のお話の記憶では、聖書に関する内容が出題されるため、難しく感じるお子さまもいるのではないでしょうか。このような問題には、学習とは別に、普段から絵本や昔話などに触れる機会を多くつくり、体験できない内容にも慣れておくことをおすすめいたします。読み聞かせをした後は、そのまま終わりにするのではなく、どのようなお話だったか、お話を聞いてどう思ったか、お子さまにいくつか質問をしたり、感想を伝え合ったりするとよいでしょう。そうすることで、内容をより深く理解することができます。また、保護者の方は、お子さまが解いている様子を観察してください。答えを書く時の線の運び方や解くまでにかかった時間は、しっかりと記憶できているかの結果に表れます。保護者の方が確認しておくことで、お子さまの記憶の特徴を把握することにもつながるでしょう。

【おすすめ問題集】
１話５分の読み聞かせお話集①②、　お話の記憶 初級編・中級編、
Ｊｒ・ウォッチャー19「お話の記憶」

問題２　分野：見る記憶

〈準備〉　鉛筆

〈問題〉　（問題２－１の絵を見て）
観覧車に動物たちが乗っています。今からこの絵を覚えてください。
（30秒後、問題２－１の絵を伏せて、問題２－２の絵を使う）
ウサギがいたところはどこですか。選んで○をつけてください。

〈時間〉　15秒

〈解答〉　下図参照

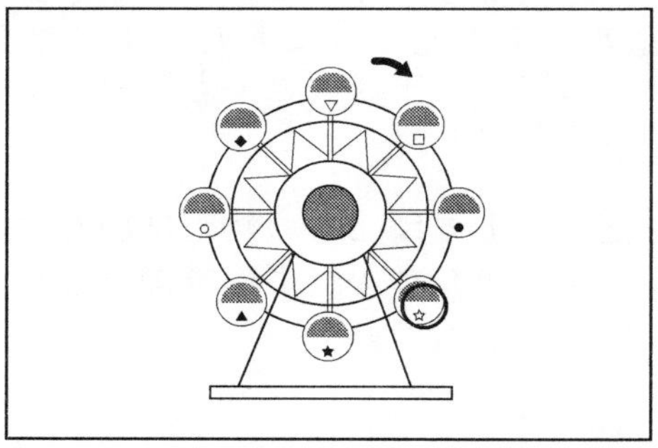

学習のポイント

本問は、記憶と推理（観覧車）が複合された、難易度は高い問題です。また、記号と動物をセットで覚える必要があるだけでなく、どの動物の隣にどの動物がいるか、順番も記憶することが求められます。見る記憶では、情報を見落とさないよう、注意深く絵を観察し、目に入った情報をきちんと説明する力が必要となります。これらの力を養うために、練習の際は、初めからすべて記憶しようとするのではなく、動物だけ、記号だけ、などと覚えやすいものから少しずつ記憶するようにしましょう。そして、初めのうちは、十分に時間をとり、「見たものを記憶する」という作業に慣れることが大切です。慣れてきたら、覚える情報を増やしたり、時間を設定したりして、段階を上げていきましょう。お子さまのペースに合わせて、端から注意深く、細部まで観察して記憶する力を養っていくとよいでしょう。

【おすすめ問題集】

Ｊｒ・ウォッチャー20「見る記憶・聴く記憶」、50「観覧車」

問題３　分野：数量（違いの数）

〈準　備〉　鉛筆

〈問　題〉　上の四角を見てください。犬と骨の数の違いを○で書いてください。

〈時　間〉　20秒

〈解　答〉　○２つ

学習のポイント

本問は、数の差を求める問題です。本問では、犬と骨を１つずつペアにしていき、残りの数を数える解き方があります。この方法であれば、ミスをする可能性が少なく、早く解くことができるでしょう。他にも、１種類ずつ数えていって差を求める方法もあります。これには、数を正しく数えられることが必要です。同じものを重複して数えたり、数え忘れのものがあったりすると、数え間違いが発生する可能性があります。これは、数える方向がランダムな時によく見られるミスです。その時、縦でも横（右または左）でも、どちらでも好きな方でかまいませんので、方向を一定にすることでこのミスを改善することができます。数える方向を一定にすることは、数量の問題の基礎となるだけでなく、他の分野の問題を解く際にも有効です。ぜひ身につけておいてください。

【おすすめ問題集】

Ｊｒ・ウォッチャー37「選んで数える」、38「たし算・ひき算１」

問題4　分野：推理（回転）

〈準備〉　鉛筆

〈問題〉　階段の上にある図形が○の位置まで回転した時、どのような形になりますか。選んで○をつけてください。

〈時間〉　各20秒

〈解答〉　①右端　②真ん中　③右端

学習のポイント

回転図形の問題では、四角形が回転したときどうなるかを問う問題をよく目にしますが、この問題では三角形が階段を移動する内容になっています。慣れないお子さまの場合、この条件がお子さまの思考を混乱させたのではないでしょうか。間違えてしまった場合、保護者の方はお子さまがどこでつまずいたのかをしっかりと把握してください。もし、回転する形が三角形ということで混乱した場合、三角形と四角形の積み木を利用して、回転した時の違いを見せてあげるとよいでしょう。また、階段を移動することで間違えてしまった場合は、階段の端と端を引っ張ると平らになることを教えれば、あとは転がるだけと考えることができます。あまり目にしない問題も落ち着いて取り組めば大丈夫です。また、慌てないためにも、さまざまな出題形式の問題に触れておきましょう。

【おすすめ問題集】
Ｊｒ・ウォッチャー46「回転図形」

問題5　分野：推理（系列）

〈準備〉　鉛筆

〈問題〉　上の図は、あるお約束通りに並んでいます。四角に入るものを選んで○をつけてください。

〈時間〉　30秒

〈解答〉　左上（1円・100円）

家庭学習のコツ①　「先輩ママのアドバイス」を読みましょう！

本書冒頭の「先輩ママのアドバイス」には、実際に試験を経験された方の貴重なお話が掲載されています。対策学習への取り組み方だけでなく、試験場の雰囲気や会場での過ごし方、お子さまの健康管理、家庭学習の方法など、さまざまなことがらについてのアドバイスもあります。先輩ママの体験談、アドバイスに学び、ステップアップを図りましょう！

学習のポイント

系列の問題は果物や記号を用いた出題が主ですが、当校ではお金を使った系列の問題が出題されました。かつ、四角の中には複数のものが入ります。系列の問題では、一つのマスに一つの解答が入ることが主流となっています。ですから、この問題のように、複数の回答を求める問題の場合は、並んでいるお約束をしっかりと把握していることが求められます。問題を解いていると、正誤が気になりますが、大切なことは解答を求めるプロセスがしっかりとしているかどうかということになります。復習をする際、保護者の方が解き方を教えるのではなく、お子さまに実際に並べさせ、並んでいるお約束を発見することから始めてみてはいかがでしょう。並べることで、どの場所で約束を発見できるのかが分かると思います。それが分かれば、正答率も上がってくるでしょう。

【おすすめ問題集】

Ｊｒ・ウォッチャー６「系列」

問題6　分野：常識（季節、数詞）

〈準備〉　鉛筆

〈問題〉　①上の段を見てください。夏の季節に関係するものに○をつけてください。
②真ん中の段を見てください。冬の季節に関係するものに○をつけてください。
③下の段を見てください。左の四角の絵と同じ数え方をするものに○をつけてください。

〈時間〉　各15秒

〈解答〉　①右端（アサガオ）　②左端（凧揚げ）　③右端（牛）

学習のポイント

この問題は、学習による知識というよりも、日常生活を通して培った力の有無、多少による影響がでる内容といえるでしょう。このような問題の場合、何が出たかと考えるよりも、なぜこの問題が出題されたのかと、出題者側の立場になって考える方が対策としてはおすすめです。コロナ禍の生活を余儀なくされたお子さまは、生活体験が不足していると言われています。学力の源は、興味関心であり、興味関心は日常生活を通して育まれます。そのことから当校を志望する方は、日常生活、興味関心を大切にしてほしいというメッセージとして受け取ることができます。助数詞に関しては、さまざまな数え方があります。家にある身の回りの物を教材に、どのような数え方をするか考えてみましょう。また、今まで違う数え方をしていたものも、この機会にきちんと数えられるようにしましょう。変わった数え方をする身近なものとして、「ウサギ」「たんす」があります。ウサギは「匹」ではなく「羽」、「たんす」は「竿」と数えます。なぜそのように数えるのかも考えると、興味や関心も高まり、知ることの楽しみにつながると思います。

【おすすめ問題集】

Ｊｒ・ウォッチャー34「季節」

問題7　分野：言語（同音集め）

〈準備〉　鉛筆

〈問題〉　それぞれの段の絵には、共通する音があります。絵の下の四角で、その音が当てはまる位置に○をつけてください。

〈時間〉　各30秒

〈解答〉　下図参照

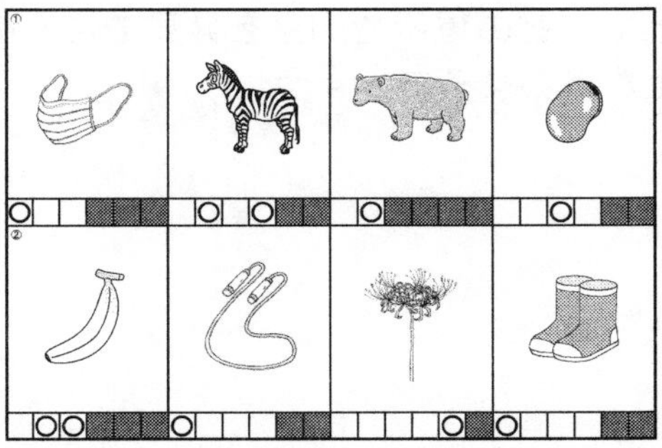

学習のポイント

まず、どの言葉が共通しているのかを見つけなければなりません。このような問題を解く際、声に出して考える人がいますが、それは修正してください。最初は声に出しても構いませんが、入試では声に出して考えることができません。声に出して考えていると、試験官から注意を受けてしまいます。入試の最中に注意を受けると、試験の最中に修正は不可能と考えた方がよいでしょう。それぐらいの影響があるということです。問題を解く時、描かれてある絵の名前を頭の中で読みますが、まずは短い物を２つ取り上げ、共通している音を見つけ、その後、その音がそれぞれ、どこにあるのかを考えていくとよいでしょう。例を挙げますと、「マスク」と「クマ」で考えます。共通しているのは「マ」ですから、あとは、それぞれ描かれてある絵を見て、「マ」がどの位置にあるのかを確認して、その位置と同じ位置のマスに○を書いていくとよいでしょう。

【おすすめ問題集】

Ｊｒ・ウォッチャー17「言葉の音遊び」、60「言葉の音（おん）」

問題８　分野：制作

〈準備〉　花紙５枚、モール

〈問題〉　この問題は絵を参考にして下さい。

今から花紙でお花を３つ作ります。

①５枚の花紙を重ねてください。

②2.5cmの幅で折っていきます。折り目の方向は交互に変えてください。形が崩れないように、折り目をしっかりとつけてください。

③モールを半分に折り、花紙の中心を挟んで、ねじってください。固定されるように、きつくねじるようにしてください。

④重なった紙を１枚ずつ剥がし、花びらを開いてください。薄くて破れやすいので、ていねいに行ってください。

〈時間〉　10分

〈解答〉　省略

学習のポイント

制作テストというと、手先の器用さがすぐに思い浮かびます。確かにそれも必要ですが、その前に、説明を記憶、理解できているかが大切なポイントになります。その理由ですが、制作テストでは、次にやることが分かってないと不安になり、一つひとつの作業スピードが落ちます。また、そのような状態で作ると、綺麗な作品はできません。このように、精神面が作品に出やすいことも制作テストの特徴といえるでしょう。制作テストに臨むに当たり、心の安定はとても重要です。その最初の関門がこれから作業をする説明をしっかりと聞き、記憶し、理解することになります。今回の問題は、かなり細かく指示が出されていますので、その点の強化を図るように心がけましょう。実際の作業に関するポイントは、ていねいに作業をしなければ、花紙が破けてしまいます。また、花の形に整える時も綺麗に広がりません。このようなていねいな作業を行うには、集中力の持続が求められます。制作テストを違った角度から見ると、学校の出題意図が見えてくると思います。

【おすすめ問題集】

Ｊｒ・ウォッチャー25「生活巧緻性」

問題９　分野：巧緻性

〈準備〉　折り紙６枚、つぼのり、トレイ、のり台紙、ウェットティッシュ、袋

〈問題〉　花びらに模様をつけます。

①折り紙をちぎって、花びらにのりで貼ってください。のりはトレイに出して使ってください。手が汚れたら、ウェットティッシュで手を拭いてください。

②終わったら、ゴミを袋に入れて、袋の口を結んでください。

〈時間〉　５分

〈解答〉　省略

学習のポイント

ちぎりの作業をさせると、お子さまの性格が垣間見えるときがあります。ちぎりは、破くとは違います。破いた方が早いからと、破くお子さまもいますが、ちぎりはちぎりです。ていねいに作業を行うように心がけましょう。他にはのりの使い方がポイントになるでしょう。テストでは、水のりではなく、つぼのりを使用しました。まず、お子さまはつぼのりの扱いに慣れているでしょうか。のりが足りなかったり、多すぎて貼ったときにはみ出してしまったりしていませんでしたか。適量がどれぐらいなのか、その点の判断も大切になってきます。また、指を拭くためにウェットシートが用意されていましたが、扱い方、使用枚数はいかがだったでしょうか。最後にゴミはどうしましたか。家庭で取り組んだ際、ゴミをまとめる指示を忘れずにできたでしょうか。作品に集中するあまり、最後の片付けを忘れてしまうことはよく見られることですが、減点の対象となることは忘れないようにしましょう。

【おすすめ問題集】

Ｊｒ・ウォッチャー23「切る・塗る・貼る」、実践ゆびさきトレーニング①②③

問題10　分野：運動

〈準　備〉　なし

〈問　題〉　この問題は絵を参考にして下さい。

バービージャンプをします。先生と同じリズムで行いましょう。（先生が一度お手本を見せる）

①立った状態から、スクワットを行うようにしゃがんでください。しゃがんだら、両手を床につけてください。

②そのまま両足を一気に後ろに伸ばし、腕立て伏せの姿勢になります。

③次は足を戻して、立ち上がります。

④これを繰り返します。

〈時　間〉　適宜

〈解　答〉　省略

学習のポイント

動作自体は難しいものではありません。この競技は体力の有無で分かれます。この競技は、疲れてくると動作がダラダラした様子になってしまいます。ダラダラした状態はよくありません。また、体力がないと、周りお友達とのペースについていけなくなります。この試験では、上手くできるかどうかを観ているというよりも、体力がなくなってきたときに、どうするのか。頑張ってやるのか、諦めるのか。ダラダラするのか、きちんとやろうとするのか。このようなことが観点としてチェックしている試験になります。動作のポイントですが、足を伸ばすとき、両足を一緒に後ろに伸ばせたか。伸ばしたとき、背中が丸まってないか。足を戻すとき、素早く、両足を一緒に戻すことができたか。立ち上がるとき、ダラダラと立ち上がらなかったか。などが挙げられます。自宅で練習をし、体力をつけましょう。運動をたくさんすることで、ストレスも発散でき、集中力もアップします。簡単な動作でもかまいませんので、毎日体を動かすようにしてください。

【おすすめ問題集】

Ｊｒ・ウォッチャー28「運動」、新 運動テスト問題集

問題11　分野：保護者・志願者面接

〈準備〉　なし

〈問題〉　**この問題の絵はありません。**

【保護者へ】
・本校を志望した理由は何ですか。
・お子さまの長所と短所を教えてください。
・躾や教育方針などで、一番大切にしていることは何ですか。
・ドン・ボスコの言葉で、知っている言葉を教えてください。
・ドン・ボスコの言葉で、心に残っている言葉を教えてください。
・今、通われている園に通わせてよかったと思われるところを教えてください。
・通われている塾の名前を教えてください。また、通ってお子さまが成長したことは何ですか。
・お父さま（お母さま）とお子さまが似ているところは何ですか。
・ご家庭で受験のためにどのように勉強されてきましたか。
・災害が起こった時、家庭内で決めごとはありますか。
・泣いて小学校から帰ってきたら、どうしますか。
・幸せだと思うこと、思う時はどのような状況ですか。
・（父親が来ていない方へ）お父さまは、学校に対してどのようにおっしゃっていますか。
・（兄弟姉妹が本校に通っている方へ）本校に通われていて、困ったことはありますか。

【志願者へ】
・お名前は何ですか。
・通っている幼稚園の名前は何ですか。
・幼稚園の担任の先生の名前は何ですか。どんな先生ですか。
・園長先生の名前を教えてください。
・幼稚園の先生とはどんな遊びをしていますか。
・外と中はどちらで遊ぶのが好きですか。何をして遊ぶのが好きですか。
・好きな食べ物は何ですか。それは誰が作ってくれますか。同じお皿には、何が並んでいますか。
・朝ごはん（昼ごはん）は何を食べてきましたか。
・野菜や果物など、知っているものをたくさん言ってください。
・今までもらったプレゼントの中で、一番うれしかったものは何ですか。それはどうしてですか。
・きょうだいはいますか。どんなことでケンカして、どう仲直りしますか。
・お手伝いは、何をしていますか。その時、お母さんは喜んでくれますか。
・お母さんに叱られる（褒められる）のはどんな時ですか。
・お父さんとお母さんの素敵なところを教えてください。
・絵本は読みますか。それはどんな本ですか。読んでもらいますか、それとも自分で読みますか。
・朝は何時に起きますか。夜は何時に寝ますか。
・（ひらがなで書いてある短文を見て）これを読んでください。どうやってひらがなを覚えましたか。
・どこの幼児教室に行っていますか。

〈時間〉　約10分

〈解答〉　省略

学習のポイント

当校の面接テストは、質問が多岐にわたること、回答した内容にさらに質問をされるなどの特徴がありますが、シンプルに考えると、先生との会話がスムーズにできるか否かという点に絞られます。その分、保護者の方への質問は、ドン・ボスコのことなども質問されることから、学校への理解が一つのポイントになるでしょう。近年、コロナ禍の生活を機に、保護者の質が変わったといわれており、当校も保護者の問題で頭を悩ませることが増えたとおっしゃる学校の一つです。ですから、数少ない保護者の方を知る機会である面接テストの重要性は、例年にも増して高まっているといえるでしょう。そのような意味では、面接テストでの保護者の方の失敗は避けなければなりません。大きな失敗は不合格につながることを忘れずにいてください。では、この大失敗とは何か。質問に対するストレートな回答が得られないこと。また、学校が発信している情報に対して理解できていない言動があること。一般常識を逸脱しないこと。普通に考えていたら問題はありません。ただ、この観点は学校側が求める基準によって判断されることは忘れないでください。

【おすすめ問題集】

新 小学校面接Q＆A、面接テスト問題集、保護者のための入試面接最強マニュアル

家庭学習のコツ② 「家庭学習ガイド」はママの味方！

問題演習を始める前に、試験の概要をまとめた「家庭学習ガイド（本書カラーページに掲載）」を読みましょう。「家庭学習ガイド」には、応募者数や試験課目の詳細のほか、学習を進める上で重要な情報が掲載されています。それらの情報で入試の傾向をつかみ、学習の方針を立ててから、対策学習を始めてください。

2022年度の過去問題

問題12　分野：お話の記憶

〈準　備〉　鉛筆

〈問　題〉　お話を聞いて、後の質問に答えてください。

町にたくさんの人が集まっています。その中で、２人の男の子と３人の女の子が、イエス様のそばに寄ってきました。すると、イエス様は、４つの種のお話を始めました。「種を蒔く人が、種まきに行きました。歩いていると、１つ目の種が公園に落ちました。その種は、子どもたちに踏まれて、鳥が食べてしまいました。次の種は、大きな石がたくさんある地面に落ちました。その種は、芽が出ましたが、水がなく、枯れてしまいました。その次の種は、海に落ちました。その種は、流されてしまいました。最後の種は、野原に落ちました。その種は、芽が出てすくすくと成長し、とても大きな実をつけたのです。」イエス様は、このようにお話をして、「聞くだけでなく、どのように聞くかを考えなさい」と言いました。

①上の段を見てください。イエス様のそばに寄ってきた女の子は、全部で何人いましたか。その数だけ○を書いてください。
②真ん中の段を見てください。最初の種を食べたのは誰ですか。選んで○をつけてください。
③下の段を見てください。根が伸びたのは、どこに落ちた種ですか。選んで○をつけてください。

〈時　間〉　各15秒

〈解　答〉　①○３つ　②右から２番目（鳥）　③右端（野原）

［2022年度出題］

学習のポイント

当校のお話の記憶は、例年、聖書の内容が出題されています。普段から聖書に慣れていない場合、難しく感じるかもしれませんが、2022年度は分量も多くなく、内容も比較的わかりやすくて想像しやすいお話でした。今回の内容は、落ちた場所と種の行方を順番に記憶していく必要があります。普段から読み聞かせを取り入れ、聞く力を養いましょう。また、読み終わった後は、保護者の方が内容について質問をしたり、印象に残っている場面を絵で描いたりして、確認する作業を行いましょう。お話がしっかりと記憶ができているか、全部を覚えていないのであれば、どの場面を覚えていて、どこが覚えられなかったのか、保護者の方がお子さまの記憶の特徴を掴み、お子さまのペースを汲み取って対策を立てていくとよいでしょう。

【おすすめ問題集】

１話５分の読み聞かせお話集①②、　お話の記憶　初級編・中級編、
Ｊｒ・ウォッチャー19「お話の記憶」

問題13　分野：見る記憶

〈準備〉　鉛筆

〈問題〉　（問題13－１の絵を見る）
動物たちが野原で遊んでいます。今からこの絵を覚えてください。
（30秒後、問題13－１の絵を伏せて、問題13－２の絵を使う）
今覚えた絵と違うところを見つけて、○をつけてください。

〈時間〉　30秒

〈解答〉　下図参照

［2022年度出題］

学習のポイント

見る記憶の問題は、最初に見た情報を元に、問われている内容について回答してきます。多くの場合、元の情報と同じもの、または、同じになるようにするにはと問われる内容がオーソドックスな問題ですが、この問題は、違う箇所が問われています。このような出題形式の問題が初めてのお子さまは戸惑いがあると思います。このような出題形式の問題の場合、まずはしっかりと記憶ができていないと対応することができません。見る記憶の問題を解くには、集中力が大きく影響します。集中力を必要とする問題を行う時は、学習する机の周囲に気を散らす物がないかなど、学習環境にも配慮をしたほうがよいでしょう。環境が整ったところで、集中力をしっかりと高め、問題に取り組むようにしてください。

【おすすめ問題集】
Ｊｒ・ウォッチャー20「見る記憶・聴く記憶」

問題14　分野：数量（合成）

〈準備〉　鉛筆

〈問題〉　上の段の絵と同じ数にするには、どれとどれを合わせるとよいですか。下の四角から選んで○をつけてください。

〈時間〉　20秒

〈解答〉　左端と右端

［2022年度出題］

学習のポイント

本問は、数を組み合わせる問題です。まずは、数を正しく数えられるかどうか、確認をしてください。数える方向を一定にすると、数え間違いが起こる可能性も低くなります。また、問題に取り組んでいる時は、お子さまの様子を観察し、理解できているか、どこでつまずいているのかを確認するようにしてください。答えが間違っていたり、解き方が分からず動きが止まってしまっていたりしても、解答中に口出しをしてはいけません。問題を解き終わってから、どうしてその解答になったのか、どのように数えたのか、などの質問をしてみてください。言語化して説明させることで、保護者の方が解き方を把握できるだけでなく、お子さま自身もプロセスを理解することができるでしょう。

【おすすめ問題集】
　Ｊｒ・ウォッチャー41「数の構成」

問題15　分野：図形（重ね図形）

〈準備〉　鉛筆

〈問題〉　左の四角を見てください。２つの図形を重ねた時、どのような形になりますか。右の四角から選んで○をつけてください。

〈時間〉　各20秒

〈解答〉　①右端　②右から２番目　③右端

［2022年度出題］

家庭学習のコツ③　効果的な学習方法～問題集を通読する

過去問題集を始めるにあたり、いきなり問題に取り組んではいませんか？　それでは本書を有効活用しているとは言えません。まず、保護者の方が、すべてを一通り読み、当校の傾向、ポイント、問題のアドバイスを頭に入れてください。そうすることにより、保護者の方の指導力がアップします。また、日常生活のさまざまなことから、保護者の方自身が「作問」することができるようになっていきます。

学習のポイント

問題としては出題頻度の高い問題の一つです。しかし、この問題の場合、複雑な図形になっているため、難易度の高い問題といえるでしょう。同図形の問題は論理的に考えられなければなりませんが、お子さまに対して言葉で説明してもなかなか理解は難しいと思います。理解度を高めるために、答え合わせをお子さま自身にさせる方法があります。使用する物はクリアファイルとホワイトボード用のペンです。問題を解き終えたあと、片方の図形の上にクリアファイルを置き、ホワイトボード用のペンでその形をなぞります。書き終えたら、クリアファイルをもう片方の形の上に重ねます。これでできた形が正答となります。単に正誤を確認するだけでなく、正解以外の選択肢はどこが違うのかも確認しましょう。これを繰り返すことで、頭の中でその操作ができるようになります。この方法は、他の図形の問題でも活用できますので覚えておいてください。

【おすすめ問題集】

Ｊｒ・ウォッチャー35「重ね図形」

問題16　分野：推理（条件迷路）

〈準備〉　鉛筆

〈問題〉　男の子が魚屋さんへ、女の子はケーキ屋さんへ行って、今いるところへ帰ってくる道を書いてください。ただし、黒いマスは通れません。縦と横には進めますが、斜めには進めません。また、行きと帰りで同じ道を通ったり、男の子と女の子が同じ道を通ったりしてはいけません。

〈時間〉　1分

〈解答例〉　下図参照

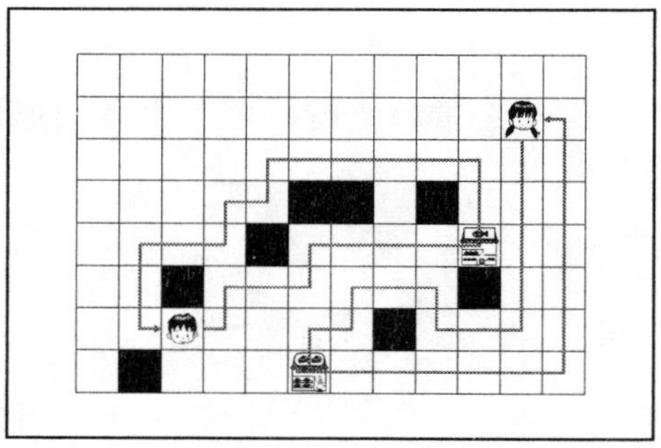

［2022年度出題］

学習のポイント

この問題は説明を聞いた上で解答していきますが、単に進めばよいというのではなく、条件を理解して進まなければなりません。本問の条件は、黒いマスは通れない、斜めには進めない。同じ道は通れない。２人が同じマスを通ることができない。この４つの条件をクリアしなければなりません。この条件をしっかりと覚えて解答できたでしょうか。また、条件の他にも運筆の要素が加わっています。ノート作りを授業の柱の一つとして取り入れている当校では、運筆も大切にしています。これらを踏まえ、思考力を駆使して問題を解いていかなければなりません。このような問題は、一度、混乱してしまうと、同じ考えに固持してしまい、混乱のスパイラルに陥ってしまうことがあります。そのようなことを避けるためにも、これがダメならこっちというような、観点の切り替えも身につけておくとよいでしょう。

【おすすめ問題集】
Ｊｒ・ウォッチャー７「迷路」

問題17　分野：常識

〈準備〉　鉛筆

〈問題〉　①一番上の段を見てください。空を飛ぶものに○をつけてください。
②上から２段目を見てください。土の中にできるものに○をつけてください。
③下から２段目を見てください。卵で生まれるものに○をつけてください。
④一番下の段を見てください。動物を食べないものに○をつけてください。

〈時間〉　各20秒

〈解答〉　①右から２番目（飛行機）　②右端（ダイコン）
③右から２番目（カブトムシ）　④左端（ゾウ）

［2022年度出題］

学習のポイント

今回出題されている問題は、一般常識の問題としてはオーソドックスな問題といえるでしょう。このような一般的な問題は合格するためには確実に正解を得たい問題です。特にコロナ禍の生活を余儀なくされてきたお子さまは、こうした一般常識に関する知識はご家庭を通して習得します。ということは、この問題の解答、得点はそのまま保護者力の差とも言い換えることができます。ご家庭でどのような学習をすればよいのか、今回出題されていた各問題を参考にするとよいでしょう。選択肢を変えていれば、類題を作ることが可能です。また、この問題は、仲間集めとして口頭試問でも行うことができます。ドライブや電車に乗っているときなどに取り入れ、学習経験を積むようにしましょう。このとき楽しみながら行うようにしましょう。

【おすすめ問題集】
Ｊｒ・ウォッチャー28「理科」、55「理科②」

問題18　分野：言語（ことばづくり）

〈準備〉　鉛筆

〈問題〉　左の四角を見てください。はじめの音をつなげてできる言葉を、右の四角から選んで○をつけてください。

〈時間〉　各20秒

〈解答〉　①左から２番目（つき）　②右端（さくら）　③左端（かきごおり）

［2022年度出題］

学習のポイント

よくみる問題の一つです。この問題は楽しみながらできたでしょうか。頭を使う問題が多い中、クイズ感覚で楽しみながら取り組める問題の一つです。こうした問題をインターバルとして集中力の持続に役立てられれば高得点につながっていきます。入試の時、問題はは緊張感を持って解いていきますが、お子さまの緊張感の持続には限界があります。その中で、少しでも楽しみながら解くことができる問題は貴重です。家庭学習をする際、このような問題も正誤に主眼をおいて取り組むのではなく、少しでもリラックスして解けるように環境を作るようにしてください。また、言語の問題は、口に出して考えるお子さまもいると思いますが、そのような取り組みは、入試の時に注意を受けます。ですから、声に出して考えるのではなく、頭の中で考えるようにしましょう。

【おすすめ問題集】

Ｊｒ・ウォッチャー17「言葉の音遊び」、60「言葉の音（おん）」

問題19　分野：制作

〈準備〉　色鉛筆（12色）、袋、ティッシュペーパー、鉛筆削り
ティッシュペーパーと鉛筆削りを袋に入れておく。

〈問題〉　①さまざまな形が描かれています。○だけを塗ってください。好きな色をどれだけ使ってもかまいません。
②塗り終わったら、袋からティッシュペーパーと鉛筆削りを取り出して、使った色鉛筆を削ってください。
③削りカスをティッシュペーパーに入れて包んでください。
④道具を元通りに片づけてください。包んだティッシュペーパーは、袋の上に乗せてください。

〈時間〉　２分

〈解答〉　省略

［2022年度出題］

学習のポイント

作業工程を大きく分けると、形を選択し色を塗る。色鉛筆を削る。片付ける。の３つになります。色を塗った形は、ていねいに色が塗られているでしょうか。指示された形だけを塗れたでしょうか。時間はどれぐらいかかったでしょうか。塗る作業が終わった後、指示に従って片付けができたでしょうか。この一連の作業は、単なる出題として取り組むのではなく、日常生活の延長という観点に立ってこの問題を観れば、日常生活の積み重ねがいかに大切か分かると思います。例えば、鉛筆を削った際、カスがティッシュペーパーからこぼれてしまった時、ティッシュペーパーの外に出てしまったカスをきちんと拾えましたか。このようなことも観点の一つとして観られています。このように、指示されていないこともきちんとできるようにしましょう。作業時の椅子の扱いなども注意深く確認してください。

【おすすめ問題集】
Ｊｒ・ウォッチャー23「切る・塗る・貼る」、実践ゆびさきトレーニング①②③

問題20　分野：巧緻性

〈準備〉　ビーズ、紐、ビニール袋

〈問題〉　**この問題は絵を参考にして下さい。**
ネックレスをつくります。
①紐の端に結び目を作り、ビーズを５個通し、また結び目を作ってください。
②この作業を繰り返し、端まで行ったら、紐の端と端を結んでください。
③できあがったネックレスと余ったビーズは、ビニール袋に入れて、袋の口を結んでください。

〈時間〉　10分程度

〈解答〉　省略

［2022年度出題］

学習のポイント

手先の器用さが差となって表れる問題です。まず、ビーズに紐を通すことがすんなりとできたでしょうか。最初に結び目を作るとありますが、この作業をしっかりとしないと、せっかく通したビーズが反対側から外れてしまいます。また、どのような順番で紐を通すのかを理解できたでしょうか。やらなければならないことを、順序立てて理解して取り組まなければなりません。細かな作業が苦手なお子さまは、ビーズを通すだけでなく、結び目を作ったり、紐を結んだりする作業も苦手だと思います。道具の扱いなども含まれますが、これらは量をこなさなければ上達しません。毎日、少しずつでもよいので取り入れるように心がけてください。巧緻性に関する対策は、何を作ったかではなく何をしたかです。この作業をすることで、何が必要なのかという観点で対策を取るとよいでしょう。

【おすすめ問題集】
Ｊｒ・ウォッチャー25「生活巧緻性」、実践ゆびさきトレーニング①②③

問題21　分野：運動

〈準備〉　ビニールテープ
ビニールテープで四角を作る。

〈問題〉　四角から四角まで、クマ歩きをしてください。ただし、四角まで行ったら、立ち上がって向きを変え、気を付けをして、またクマ歩きをします。

〈時間〉　30秒

〈解答〉　省略

［2022年度出題］

学習のポイント

運動テスト対策を考えると、動作に関することばかりに意識が集中してしまうと思います。確かにその観点も大切ですが、実は、運動テストで差がつくのは、運動以外のことと言われています。それは待っているときの態度です。ここまで意識をして取り組むことができたでしょうか。運動テストなど、身体を動かす場合、意欲、指示の遵守なども大切なことには変わりはありません。また、クマ歩きをして反対側の四角まで行ったら一度立って気を付けをする指示が出されていますが、この気を付けをする動作はしっかりとできたでしょうか。運動は、待つことから始まり、意欲的にテストに臨み、待つことに終わります。ここまで意識を集中できるように練習しましょう。

【おすすめ問題集】
Ｊｒ・ウォッチャー28「運動」、新 運動テスト問題集

問題22　分野：保護者・志願者面接

〈準備〉　なし

〈問題〉　この問題の絵はありません。

【保護者へ】
・本校を志望した理由は何ですか。
・躾や教育方針などで、一番大切にしていることは何ですか。
・ドン・ボスコの言葉で知っている言葉を教えてください。
・通われている塾の名前を教えてください。また、通ってお子さまが成長したことは何ですか。
・お父さま（お母さま）とお子さまが似ているところは何ですか。
・ご家庭で受験のためにどのように勉強されてきましたか。
・災害が起こった時、家庭内で決めごとはありますか。
・泣いて小学校から帰ってきたら、どうしますか。
・いじめについて、どのように思われますか。
・お子さまの長所を伸ばすためにしていることはありますか。
・（父親が来ていない方へ）お父さまは、学校に対してどのようにおっしゃっていますか。
・（兄弟姉妹が本校に通っている方へ）小学校に通われていて、困ったことはありますか。

【志願者へ】
・お名前は何ですか。
・通っている幼稚園の名前を教えてください。
・幼稚園の担任の先生の名前を教えてください。どんな先生ですか。
・園長先生の名前を教えてください。
・幼稚園の先生とはどんな遊びをしていますか。
・外と中はどちらで遊ぶのが好きですか。
・朝ごはん（昼ごはん）は何を食べてきましたか。
・野菜や果物など、知っているものをたくさん言ってください。
・夏休みは、誰とどんなことをしましたか。
・きょうだいはいますか。どんなことでケンカをして、どう仲直りしますか。
・お手伝いは、何をしていますか。その時、お母さんは喜んでくれますか。
・お母さんに叱られる（褒められる）のはどんな時ですか。
・お父さんとお母さんの素敵なところを教えてください。
・絵本は読みますか。それはどんな本ですか。
・ここまでどうやって来ましたか。（電車で来た場合）電車の色は何色でしたか。
・朝は何時に起きますか。夜は何時に寝ますか。
・（ひらがなで書いてある短文を見て）これを読んでください。どうやってひらがなを覚えましたか。
・どこの幼児教室に行っていますか。

〈時間〉　10分程度

〈解答〉　省略

［2022年度出題］

学習のポイント

面接テストで質問される内容は大きな変化は見られません。また、全員に全て同じ質問がされるわけではありません。単にできた、できなかった、で評価を分けるのではなく、できないまでも一生懸命取り組む姿勢を見せることも大切です。また、保護者の方に対する質問は、学校に関する質問は勉強が必要ですが、それ以外の質問については特別に難しいことではありません。日常生活がそのまま面接対策につながっていると考えると、よい対策になると思います。面接テストは特別に作ることではなく、普段のままを自信を持って回答することです。また、初対面の人との会話をスムーズにできるようにしておいてください。面接テストに関する情報は、弊社発行の「面接テスト問題集」（子ども用）、「入試面接最強マニュアル」（保護者用）を、ぜひ熟読してください。まえがきやアドバイスには面接テストに関する情報がたくさん書いてあります。こうした情報を基に、面接対策を取られることをおすすめいたします。

【おすすめ問題集】

新 小学校面接Q＆A、面接テスト問題集、保護者のための入試面接最強マニュアル

〈帝塚山学院小学校〉

※問題を始める前に、本書冒頭の「本書ご使用方法」「本書ご使用にあたっての注意点」をご覧ください。
※本校の考査は鉛筆を使用します。間違えた場合は消しゴムで消し、正しい答えを書くよう指導してください。

保護者の方は、別紙の「家庭学習ガイド」「合格ためのアドバイス」を先にお読みください。
当校の対策および学習を進めていく上で役立つ内容です。ぜひご覧ください。

2023年度の最新問題

問題23　分野：常識（季節）

〈準備〉　鉛筆

〈問題〉　左の四角を見てください。同じ季節のものを、右の四角から選んで○をつけてください。

〈時間〉　各15秒

〈解答〉　①右端（ひまわり）　②右から２番目（クリスマス）

学習のポイント

実際のテストは、Ｂ４サイズに左止めの冊子状態で行われます。この問題は、２枚で１問となっています。１枚目が終わって、ぼーっとしていては点数が取れません。先生の説明をしっかりと聞き、きちんと対応できるようにしておきましょう。対応ができていなかったときは、説明を聞いていなかったか、覚えていられなかったか、どちらかに原因があります。この場合、別の問題にも影響を及ぼす可能性があることから、きちんと修正をしてください。近年、行事にしても、食べ物にしても季節感がなくなってきています。そのことで、季節に関する認識が薄くなっています。その様なことを避けるためにも、なおのこと日常生活に季節感を取り入れた生活を心がけていただきたいと思います。問題としては特に難易度の高い問題ではありませんから、このような問題で確実に点数を取れるようにしましょう。

【おすすめ問題集】
　Ｊｒ・ウォッチャー34「季節」

問題24　分野：数量

〈準 備〉　鉛筆

〈問 題〉　①左上の四角を見てください。一番数が多いものを、右から選んで○をつけてください。
②真ん中の左の四角を見てください。一番数が多いものを、右から選んで○をつけてください。
③左下の四角を見てください。一番数が少ないものを、右から選んで○をつけてください。

〈時 間〉　各20秒

〈解 答〉　①左端（時計）　②左端（浮き輪）　③右端（アイス）

学習のポイント

この問題も、常識の問題に続き複数枚（本問題では３枚ありました）行う問題です。前問が２枚だったからと２枚で止めていませんか。先生の説明をしっかりと聞いて対応するように、日頃から指示の出し方を工夫してみてください。数の問題に関しては、ミスの原因は数え間違いが大半ですが、それも大別して２つに別れます。一つは、重複して数えること、もう一つは数え忘れがあることです。どちらも、数える順番が定まっていないことに原因があります。そのミスを防ぐために、数える方向を常に一定にすること、数えた絵には小さくチェックを入れるなどの方法があります。しかし、チェックを入れると、絵と重なって見づらくなる可能性があるので注意してください。こうした準備をしっかりとして問題に望めば、イージーミスを未然に防ぐことはできます。後は、問題量をこなし、慣れることで、ミスも減ってくると思います。

【おすすめ問題集】
Ｊｒ・ウォッチャー37「選んで数える」

問題25　分野：言語

〈準 備〉　鉛筆

〈問 題〉　左の四角を見てください。音を１つ足してできる言葉を、右の四角から選んで○をつけてください。

〈時 間〉　各15秒

〈解 答〉　①右端（ぼうし）　②左から２番目（すいか）　③左端（積み木）
④左から２番目（たいこ）

学習のポイント

まずは、描かれてある絵の名称を正しく覚えていないと問題を解くことができません。元の絵の名前が分かれば、後は、選択肢に描かれてある絵の名前と連動させれば答えが見つかると思います。もし、選択肢の数を減らすことが可能なら、先に選択肢から除外した方が考えるときに楽になります。問題を解く際に気をつけていただきたいことは、声に出して考えないことです。試験の最中に注意を受けたとしたら、お子さまは、ものすごく緊張してしまいます。そうなると、試験の最中に修正して持ち直すことは不可能に近いとお考えください。ですから、そうならないためにも、声には出さずに、頭の中で行う方法を習得しましょう。

【おすすめ問題集】
Ｊｒ・ウォッチャー60「言葉の音（おん）」

問題26　分野：図形（回転）

〈準　備〉　鉛筆

〈問　題〉　左の四角を見てください。絵を３回右に回すと、どのような形になりますか。右の四角から選んで○をつけてください。

〈時　間〉　各15秒

〈解　答〉　①左端　②右端

学習のポイント

回転図形は小学校受験では頻出の問題の一つです。まずは、簡単な絵が形で、回転することで、どのように変化していくのかをしっかりと把握しておきましょう。簡単なものを使って回転と変化の関係の関係性を把握すれば、難しい内容になっても、どこに着眼をすればよいのかがわかり、問題を解きやすくなります。学習をするときは、いきなり難易度の高い問題にチャレンジをするのではなく、基礎固めをしっかりと行ってください。基礎が固まれば、後は自然とできるようになります。基礎力のアップにはオセロを活用してみてはいかがでしょう。８×８のマスを、４×４に４つ区切ります。左上のマスに駒をおきます。そして、それぞれ90度ずつ回転したらどうなるか。駒を置いていきます。そのように実物を動かすことで、理解度がアップするのと平行し、頭の中でも図形を操作できるようになってきます。具体物とペーパーを上手に活用して力を付けましょう。

【おすすめ問題集】
Ｊｒ・ウォッチャー46「回転図形」

問題27　分野：聴く記憶

〈準備〉　鉛筆、白い紙

〈問題〉　この問題の絵はありません。

今から読むことを、よく聴いて覚えてください。その後、聴いた通りの絵を描いてください。

左から○×△を描き、それを□で囲んでください。その上に○を描き、その中に☆を描いてください。

〈時間〉　30秒

〈解答〉　下図参照

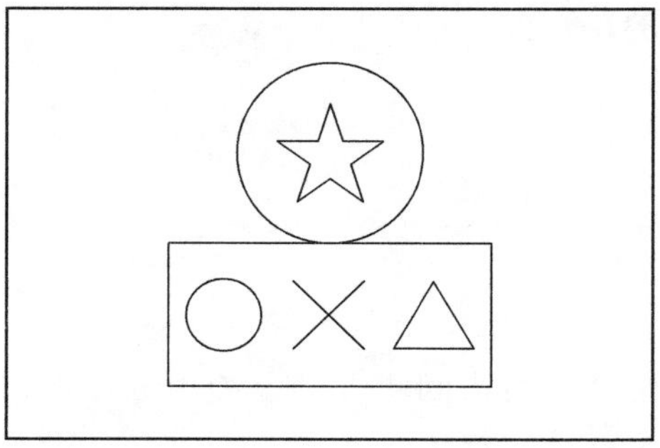

学習のポイント

まず、全ての指示を聞いてから実際に解答用紙に描き込んでいきますが、その際、大切なことの一つに、全体像を把握することがあります。全体でどれぐらい描くのかを把握しておかないと、後で、描くスペースが足りないという事態になってしまいます。そのためには、話を聞きながら、頭の中に図形を思い描きながら聞くことが大切です。全ての指示を聞いた後に全体像を考えてから、作業に移ったのでは解答時間が短くなってしまいます。またお子さまが解答した跡をよくご覧ください。筆圧はどうだったでしょうか。一つひとつの形はしっかりと頂点を含めて描けていたでしょうか。指示された順番に形は描けていたでしょうか。そして大切なことは、指示の順番通りに描けていたかも大切です。試験では、描いた結果を観られますが、家庭学習においてもは解答のプロセスも観察することが可能です。お子さまが解答している最中もしっかりと観察して、お子さまの記憶力を確認してください。

【おすすめ問題集】

Ｊｒ・ウォッチャー20「見る記憶・聴く記憶」

問題28　分野：数量

〈準備〉　鉛筆

〈問題〉　上の四角を見てください。○の数だけ○を、△の数だけ△を描いてください。

〈時間〉　30秒

〈解答〉　①○ ８つ　②△ ７つ

学習のポイント

上の四角には、さまざまな形が描いてあります。同じ形でも、大きさが違うものもあり、それらを含めて数える事ができたでしょうか。このようにランダムに描かれてあるものを数える場合、先のアドバイスにも記載しましたが、数え忘れるか、重複するかのミスが考えられます。対策の方法として、オセロの駒を使用したトレーニングをご紹介しますので参考にしてください。用意するものは蓋のようになっている箱とオセロの駒です。保護者の方は、適当に駒を手に取ります。そしてお子さまに指定した色の駒の数を数えさせます。箱の中に駒を投げ入れる際、色の指定をし、数秒後には箱を隠します。そしていくつあったかを数えさせます。スピード力と、ランダムに最初は５個程度の少ない数から始めるとよいでしょう。慣れてきたら数えさせる時間を短くしたり、駒の数を増やしたりして難易度をアップさせるとよいでしょう。

【おすすめ問題集】

Ｊｒ・ウォッチャー37「選んで数える」

問題29 分野：お話の記憶

〈準　備〉　鉛筆

〈問　題〉　今からお話をしますので、後の質問に答えてください。

今日は朝からとてもよい天気。はるこさんは、いつもより少し早く目が覚めました。今日は、お父さんと一緒に、おばあちゃんの家へ遊びに行く日です。はるこさんは、おばあちゃんが大好きで、この日をとても楽しみにしていました。車でおばあちゃんの家に着くと、タマが走って出迎えてくれました。タマは、おばあちゃんが飼っているネコで、白くて長い毛がとても綺麗です。はるこさんは、タマと一緒に家に入って、おばあちゃんにクッキーを渡しました。甘いものが大好きなおばあちゃんのために、はるこさんは家でクッキーを焼いてきたのです。おばあちゃんはとても喜びました。しばらくタマと遊んでいると、おばあちゃんが、リンゴジュースとショートケーキを出してくれました。おやつを食べた後は、お父さんと川へ行きました。トンボがたくさん飛んでいて、いろいろな魚が泳いでいました。はるこさんは、お父さんに教えてもらいながら、釣りを楽しみました。おばあちゃんの家に戻ると、もうすっかり帰る時間になっていました。おばあちゃんは、「おうちへ帰ったらみんなで食べてね」と、桃をたくさんくれました。はるこさんは、おばあちゃんにお礼を言い、「次は泊まりに来るね」と約束しました。

①上の段を見てください。おばあちゃんが帰る時にくれたものは何ですか。選んで○をつけてください。
②真ん中の段を見てください。タマはどれですか。選んで○をつけてください。
③下の段を見てください。おばあちゃんがはるこさんに出してくれたおやつは何ですか。選んで○をつけてください。

〈時　間〉　各20秒

〈解　答〉　①右から２番目（桃）　②右から２番目（白いネコ）
③左端（ショートケーキ）

学習のポイント

当校は、例年お話の記憶は出題されています。2023年度は、内容も比較的簡単で、分量も少ない問題でした。お話の記憶を解くためには、記憶力、理解力、語彙力、集中力、想像力が必要だといわれています。これは、入学後、授業を受ける際に必要な力となります。逆に言えば、これらの力が備わっていないと、入学しても授業についてくることができないと判断されます。これらの力を養うためには、本に触れる機会を積極的につくること、さまざまな体験をさせることは必要不可欠です。また、当校の国語の授業では、読解力や語彙力などの基礎学力を身につけるだけでなく、コミュニケーション力を養う授業を展開しています。普段から、幼稚園ではどんなことをしたのかなど、出来事を振り返る機会を与えるようにして、コミュニケーション力の土台をつくるようにしましょう。

【おすすめ問題集】

１話５分の読み聞かせお話集①②、　お話の記憶 初級編・中級編、
Ｊｒ・ウォッチャー19「お話の記憶」

問題30　分野：行動観察

〈準 備〉　コップ15個

〈問 題〉　**この問題の絵はありません。**

コップでタワーを作ります。できるだけ高く積み上げてください。
①コップでタワーを作ります。できるだけ高く積み上げてください。
②お友だちを探して、２人組を作ってください。コップでタワーを作ります。できるだけ高く積み上げてください。
③８人で１グループになってください。コップでタワーを作ります。できるだけ高く積み上げてください。

〈時 間〉　５分

〈解 答〉　省略

学習のポイント

この問題の観点について、皆様はどのように考えていますか。行動観察は、当校の特徴といえる問題の一つです。この問題も、最初は一人で行い、次に二人で、最後はグループで行いました。取り組む人数を変えると、求められることが変わり、同時に観点も多岐にわたってきます。同じ課題の中で求められることが変化する状況で、お子さまは、その場で対応しなければなりません。しかも、この課題は失敗することが多いと思います。上手くいかなかった時、お子さまはどのような反応を示すでしょうか。この問題は、積み上げたか否かの結果を観ているのではなく、取り組む姿勢、協調性、集中力などを観ている内容だと思います。また、終わった後は、片付けまでしっかりとできたでしょうか。片付けは言われなくてもできなければなりませんし，言われなかったから観点には入っていないと考えるのは間違えた対策になります。これらは、日常生活を通して、どのように育てられてきたのかを観られているといっても過言ではありません。また、コロナ禍以降の入試では、重要な観点の一つとなっています。

【おすすめ問題集】
Ｊｒ・ウォッチャー29「行動観察」

問題31　分野：食事テスト

〈準 備〉　お箸、ラーメンが入ったお椀、
ラーメンの具材（たまご、のり、刻みねぎ、もやし、かまぼこ）

〈問 題〉　**この問題は絵を参考にして下さい。**
①食べる時の挨拶をしましょう。
②お椀を持ちましょう。
③お箸でお椀のラーメンに具材を乗せましょう。
④食べ終わる時の挨拶をしましょう。

途中質問
・お母さんにほめてもらうには、どうしたらよいですか。
・この中で嫌いな食べ物はありますか。あったらどうしますか。

〈時 間〉　適宜

〈解 答〉　省略

学習のポイント

2022年度と試験の内容は違いますが、観点は同じと捉えてよいでしょう。指示の遵守、箸の持ち方、お椀の持ち方など、食事全般に関するマナーが求められます。これだけ毎年のように出題されている場合、学校側も、対策をしてきて当然と考えており、どこまでできればよいとか考えると、完璧にできてほしいという回答になります。近年、こうした内容に関しての出題が多く見られますが、どの学校も「採点基準は完璧のみを正解とする」というところが多く見られます。コロナ禍の生活において、お子さまのマナーや躾に関することは、家庭の責任と捉えている学校は多く存在します。当校も毎年のように出題していることを考慮すると、事前にきちんと身につけてくることを求めているメッセージが込められている問題と考えた方がよいでしょう。また、その後の質問は、以前は実際に食事をしている最中に、口頭で質問されています。

【おすすめ問題集】
Ｊｒ・ウォッチャー56「マナーとルール」

問題32　分野：制作

〈準 備〉　画用紙、色鉛筆、ハサミ
画用紙を縦10cm×横15cmの長方形に切り取っておく。

〈問 題〉　**この問題は絵を参考にして下さい。**
誕生日カードをつくりましょう。
①画用紙を自由に描いてください。
②描き終わったら、四隅をハサミで切り取ってください。

〈時 間〉　10分

〈解 答〉　省略

学習のポイント

ハサミを使用して誕生日カードを作りますが、カードを指示通り、切ることができたでしょうか。また、取り組んでいるときの姿勢は指示の遵守はどうであったか。また切れ端はどうしたでしょうか。試験は作るものだけを観ているのではありません。使用後の状況も含めて観察されていることを忘れないようにしましょう。特に、作品を作り終えると、緊張感が途切れやすくなります。お友だちの作品が気になったり、自分の作品の出来を見たりと、作品に意識が集中します。このようなときに使用した文房具の扱い、片付けが疎かになってしまうことはよくあることですが、これらは、減点の対象となります。特に刃物は人を傷つける可能性があることから、扱いには十分注意しましょう。ご家庭で練習をするときは「何を作る」かではなく、「何をしたか」に着眼し、試験で行った操作を積極的に取り入れ、道具などの使用に慣れておきましょう。

【おすすめ問題集】
　Ｊｒ・ウォッチャー23「切る・塗る・貼る」、24「絵画」
　実践ゆびさきトレーニング①②③

問題33　分野：指示行動

〈準備〉　傘、画用紙
　画用紙で水たまりをつくっておく。

〈問題〉　この問題は絵を参考にして下さい。
　今から言うことを実際にやってください。
　①傘をさしてください。
　②水たまりを踏まないように歩いてください。
　③傘をたたんでください。

〈時間〉　適宜

〈解答〉　省略

学習のポイント

まず、傘を持って左右に動きながら歩くのは、体幹がしっかりしていないとフラフラしたり、ヨロヨロしてしまいます。だからといって、ゆっくり移動するのもよくありません。小学校に入学すると、雨の日は傘を差しての当校となります。ですから、傘をさして歩く行為は特別なことではなく、日常生活で起きることでもありますし、現在でも体験していると思います。ですから、この試験について「できない」という評価はないと思っています。そうなれば、歩くことでの減点は大きなマイナスになることの予想はつくと思います。また、傘をたたむことはどうでしょう。お子さまが使った傘を保護者の方がしまってあげてたのでは、できないと思います。これはできる、できないだけでなく、「自然に」という言葉を頭に付けて判断してください。雨の日、濡れた傘を広げたままいれば、周りの人に迷惑を掛けることになります。そうした一般常識的な観点からも、自分が使用した傘は、自分できちんとたためるようにしておきましょう。

【おすすめ問題集】
　Ｊｒ・ウォッチャー29「行動観察」

問題34　分野：保護者面接

〈準　備〉　なし

〈問　題〉　この問題の絵はありません。

・建学の精神のどこに共感されていますか。
・学校の教育方針に賛同いただけますか。
・お子さまが初めてできたことで、褒めてあげたことは何ですか。
・お子さまとは普段どのように関わっていますか。
・ご家庭の教育方針は何ですか。
・ご家庭でお子さまと約束していることは何ですか。
・最後に学校に伝えておきたいことはありますか。

〈時　間〉　約10分

〈解　答〉　省略

学習のポイント

面接テストの内容は、前年と大きく変化はしていません。学校への理解、子どものこと、家庭の教育方針・躾などです。入試において出題される内容は、学校が求めている力を観ることでもありますが、学校が求めていることを伝える役割も持っています。面接の内容がある内容に集約されていることを鑑みると、受験生に対してのメッセージ性が強い内容と解釈することができます。その場合、お子さまの行動と保護者の方の回答が一致しているかどうかが、更なる問題点として持ち上がってきます。保護者の方は、学校への理解について、単に教育方針だけでなく、面接テストでの質問内容についても理解をし、それを行動に移すことで、理解をしていると考えるようにするとよいでしょう。なぜなら、行動も伴った場合、面接時の回答もきっと力強く、明確に回答することができるからです。学校はそのような家庭を求めていることは言わなくてもお分かりいただけると思います。

【おすすめ問題集】

新 小学校面接Q&A、保護者のための入試面接最強マニュアル

2022年度の過去問題

問題35　分野：欠所補完

〈準 備〉　鉛筆

〈問 題〉　絵の？に入るのはどれですか。当てはまるものを選んで○をつけてください。

〈時 間〉　15秒

〈解 答〉　右端

［2022年度出題］

学習のポイント

問題自体の難易度は基本問題の部類に入ります。図形の問題は、分野を変え毎年出題されていますので、確実に点を取っておきたい問題の一つです。欠所補完の問題は、欠けている所に当てはまる絵の位置関係を正確に把握することがポイントです。この問題の力を伸ばす方法として、お子さま自身が描いた絵を４分割程度の大きさに切り分け、パズルを作って遊びます。この方法ポイントは、お子さま自身が描いた絵であれば、絵全体を把握しているはずです。ですから、分割しても、接する箇所同士の線がどうなっているかを把握しやすい状態になります。このように身近なところから始めることをおすすめします。ただ、パズルと違うのは、絵を見てつなげるのではなく、切断面の線の状態をみてつなげていくところです。絵で慣れてきたら、今度は線画で挑戦しましょう。このように、少しずつ難易度を上げていくことで、遊びから学習へと変化させていくことができます。後は、ペーパーで学習をする際、操作してきたことを思い出せ、着眼点が同じであることに気がつけば、力がついてくると思います。

【おすすめ問題集】
　Ｊｒ・ウォッチャー59「欠所補完」

問題36　分野：推理

〈準 備〉　鉛筆

〈問 題〉　上の四角を見てください。お鍋に四角の中にある具材を入れると、どうなりますか。下の四角から選んで○をつけてください。

〈時 間〉　20秒

〈解 答〉　左端

［2022年度出題］

学習のポイント

四角の中の具材をすべて入れたお鍋を探す問題です。まず、具材を１つずつ見ていき、入っていないお鍋を選択肢から外していって解答を導き出す方法があります。さらに、四角の中の具材を先に覚えておき、選択肢を見てその具材以外の具材が入っているお鍋を外していくという方法もあります。どちらも消去法で求めることができるため、お子さまが解きやすい方法を選ぶのがよいでしょう。また、お子さまに実際に具材を入れる経験をさせてください。できあがったお鍋を家族で囲んで食べるというのは、「分ける」経験にもなります。これも生活体験の１つであり、この問題だけでなく、他の分野の問題の対策にもつながります。

【おすすめ問題集】

Ｊｒ・ウォッチャー31「推理思考」

問題37　分野：推理（迷路）

〈準備〉　鉛筆

〈問題〉　かけるくんが学校へ行く様子を話します。かけるくんはどこに着きましたか。記号を選んで○をつけてください。そして、かけるくんが通った道に線を書いてください。ただし、縦と横には進めますが、斜めには進めません。また、黒いマスも通ることができません。

まっすぐ進んで、突き当りを右に曲がります。まっすぐ進むと学校が見えます。学校の前を左に曲がります。お花屋さんでカーネーションを１本買い、右に曲がります。パン屋さんの前を左に曲がり、まっすぐ進めば到着です。

〈時間〉　１分

〈解答〉　下図参照

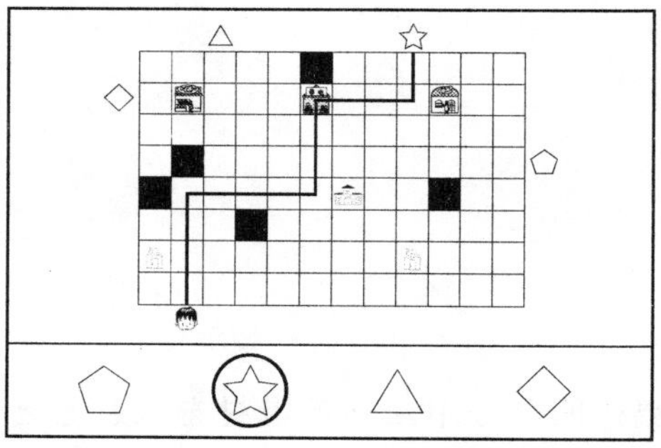

［2022年度出題］

学習のポイント

この問題は「指示の理解」と「左右分別」「運筆」が関係します。まず、一番のポイントは、マス上を人が移動する場合、マス上の人がどの方向を向いているかで左右が変わる点です。これを理解していないと、この問題は解けません。しかし、この向きによって左右が変化することを言葉で説明しても、なかなか理解はできないと思います。その場合、本を建物に見立てて床に並べます。本と本の間が道になります。その状況で、人形を移動させて、向きによって左右が変化することを視覚でとらえさせます。一番良いのは、本人が移動することですが、それぐらい広い場所を確保するのは難しいと思います。人形を動かしたイメージが、頭の中に残っている内に問題を解くことで、しっかりと移動させることができると思います。慣れてきたら、オセロや将棋盤のマス上を移動させて復習をさせるのも役に立つと思います。

【おすすめ問題集】

Ｊｒ・ウォッチャー７「迷路」

問題38　分野：常識

〈準備〉　鉛筆

〈問題〉　左の四角を見てください。絵と同じ季節のものを、右の四角から選んで○をつけてください。

〈時間〉　各20秒

〈解答〉　①左から２番目（チューリップ）　②左から２番目（ヒガンバナ）
③右端（柿）　④左端（スイカ）

［2022年度出題］

学習のポイント

季節の問題は近年、出題頻度の高い分野となっています。今回は季節に関する問題でしたが、常識問題は身近なさまざまなことや物が問題の材料となります。日常生活に関わる全てのことが、問題となるのが常識問題であり、受験をする、しないにかかわらず、お子さまが成長と共に習得していかなければなりません。しかし、コロナ禍になり、体験不足が表面化するのと平行し、常識のレベルが落ちているといわれています。学校側は、常識問題の出来、不出来をお子さまではなく、保護者力の差として観ている学校もあるくらいです。また、日常生活を通して習得したことは、面接テストや集団行動などへも影響を及ぼします。ペーパー対策として習得するのではなく、習得したことをペーパーテストに反映する。そのような学習を心がけてください。また、この問題は２ページに渡り出題されました。１枚目が終わったからといって、ぼーっとしていると２枚目をやり損ないます。出題者の説明を最後までしっかりと聞き対応できるようにしましょう。

【おすすめ問題集】

Ｊｒ・ウォッチャー34「季節」

問題39　分野：数量

〈準備〉　鉛筆

〈問題〉　上の四角を見てください。一番多いものはどれですか。選んで○をつけてください。

〈時間〉　各30秒

〈解答〉　①右から２番目（ニンジン）　②右から２番目（キャンディ）
③左から２番目（ネコ）

［2022年度出題］

学習のポイント

数の比較になりますが、「正確に」「早く数える」ことが求められます。このような数える問題は、全てを数えるのではなく、初見の段階で、一番多いものや一番少ないものをある程度、把握できるようにしておきましょう。そのためには、「早く」数える練習を取り入れること。また「正確に」数えるためには、多くの物を数えて力を身につけることが求められます。この数える行為、比較する行為も日常生活にはたくさんあふれてますから、生活の中で数える行為を多く取り入れましょう。数える問題でのイージーミスは、「重複して数える」「数え忘れ」が代表的なミスとして挙がります。この椅子を防ぐためには、数える方向を常に一定にしておくことです。そうすることで前述に挙げたミスを回避することができます。他にも、数えた物に印をつける方法のありますが、この場合、チェックの大きさをに気をつけて書きましょう。

【おすすめ問題集】
Ｊｒ・ウォッチャー37「選んで数える」

問題40　分野：常識

〈準備〉　鉛筆

〈問題〉　左の四角を見てください。成長するとどうなりますか。右の四角から選んで○をつけてください。

〈時間〉　各15秒

〈解答〉　①左端（カエル）　②左から２番目（アサガオ）　③右から２番目（ニワトリ）

［2022年度出題］

学習のポイント

「卵、成虫、幼虫、サナギ、成虫」「種、葉、花」などの組み合わせは、きちんと理解しておきましょう。このような成長に関わる問題は、小学校受験では出題頻度の高い内容となっています。近年、身近な所の自然が減ってきており、街中で昆虫などを見つけるのも大変だと思います。郊外に行った時は積極的に自然と交わり、さまざまな生き物を観察するように心がけてください。また、そのときの保護者の方の言葉掛けは重要です。昆虫などが苦手な保護者の方もいらっしゃると思いますが、「すぐに離しなさい」と言うのではなく、「脚は何本ある？　どこから生えている？　羽はどんな感じ？」など、いくつか質問をしてから離してあげると学習につながっていきます。この自然と触れ、自然からの刺激は「知的好奇心」「観察力」のアップに繋がり、常識問題だけでなく「学ぶ」ことの楽しみを助長してくれます。身の回りの動植物の観察をたくさん行ってください。

【おすすめ問題集】

Ｊｒ・ウォッチャー27「理科」、55「理科②」

問題41　分野：お話の記憶

〈準 備〉　鉛筆

〈問 題〉　お話をよく聞いて、後の質問に答えてください。

今日は、リスくんとウサギさんとネコさんとサルくんで水族館へ行きます。バスを待っている間、リスくんが、「ぼく、イルカショーが見たい」と言いました。ウサギさんは、「マンボウとクラゲが見たいな」と言い、「ペンギンはいるかなぁ」とネコさんが言いました。サルくんは、「みんなが見たい生き物を見られるように、順番に回ろうよ。イルカショーは、何時から始まるのか聞いてみよう。」と言うと、みんなが「それがいいね」と言いました。水族館に着くと、イルカショーがちょうど始まる時間だったので、最初にイルカショーに行くことにしました。その後は、サルくんが言った通り、順番に見て回りました。近くで生き物が泳いでいる姿を見ることができ、みんなとても喜びました。しかし、ペンギンのお部屋は閉まっていて、見られませんでした。水族館を出て、隣の公園で、みんなでお弁当を食べることにしました。ネコさんは「ペンギンが見られなかったのは残念だったけれど、イルカショーが見られてよかった」と言いました。帰りのバスがなかなか来なかったので、電車で帰ることにしました。近くの駅まで歩きながら、ウサギさんは、「ペンギンが見られるようになったら、また行こうね」と言い、みんなも「そうしよう。」と言いました。

①みんなはどうやって帰りましたか。選んで○をつけてください。
②ウサギさんが見たいと言った生き物はどれですか。選んで○をつけてください。
③このお話で出てこなかった動物は何ですか。選んで○をつけてください。

〈時 間〉　各15秒

〈解 答〉　①左端（電車）　②右端（クラゲ）　③右から２番目（イヌ）

［2022年度出題］

学習のポイント

お話自体はあまり長くなく、内容も比較的オーソドックスな問題です。このような生活体験をベースとしたお話の場合、お子さまの体験量の多少が記憶にも大きく影響してきます。入試では、初めて聞く内容のお話を一度だけ聞いて問題に答えなければなりません。ただ、馴染みのある内容のお話であれば、自分の体験になぞらえて記憶することができます。そうすると、内容で混乱してしまう可能性が低いため、定着率が高く、その後の問題にもしっかりと対応することができます。このようなことを踏まえ、保護者の方は、お子さまが多種多様の生活体験を積むことができる生活環境を作ってあげるようにしましょう。そして、体験をさせた後は、何が印象に残っているか、どう思ったかなどをお子さまに質問してみてください。できれば、絵を描かせるとよいでしょう。自分で言葉にして説明したり、思い出しながら絵を描いたりすることで、記憶として残りやすくなります。

【おすすめ問題集】
　１話５分の読み聞かせお話集①②、　お話の記憶 初級編・中級編、
　Ｊｒ・ウォッチャー19「お話の記憶」

問題42　分野：行動観察

〈準備〉　ビニールプール（または桶）、赤い魚の絵５枚、青い魚の絵５枚、白い魚の絵５枚、タコの絵５枚、割りばし、紐、クリップ、魚が描かれている箱３つ、タコを入れるためのカゴ

・赤、青、白の紙で、それぞれ魚やタコを描き、切り取る。５枚ずつ作る。
・割りばしに、先端にクリップをつけた紐をくくりつけ、釣り竿を作る。
・魚やタコにクリップをつける。

〈問題〉　この問題は絵を参考にして下さい。
カゴを肩から下げてください。今から指示した生き物を釣ってもらいます。魚を釣ったら、釣った魚が描かれている箱へ入れてください。タコを釣ったら、肩からかけているカゴに入れてください。

①赤い魚とタコを１匹ずつ釣ってください。
②お友だちを誘って、２人組を作ってください。２人で、青い魚と白い魚を１匹ずつ、タコを２匹釣ってください。
③４人１チームになります。チームで協力し、中にいる生き物をすべて釣ってください。

〈時間〉　適宜

〈解答〉　省略

［2022年度出題］

学習のポイント

この問題の難しいところは、魚釣りをする人数と釣る生き物が変化するところでしょう。この変化にきちんと対応できるかどうかがポイントの１つとなっています。と申し上げるのも、個人としての対応の他に、その日初めて会ったお友だちとの協調性が観られます。それらを、入試という緊張した場で求められることは、大人が考えているよりも大変なことです。このような、作業やゲームをするなどの問題の場合、実技そのものの出来、不出来に意識が向いてしまうと思いますが、協調性、積極性、待つ態度、約束の遵守など、他にも求めら得る内容はたくさんあります。また、この実技を始める際、先生方に「お願いします」などの挨拶はできたでしょうか。このようなちょっとしたことが入試では差になります。コロナ禍の生活において、こうしたことがしっかりと身につけられているか、この点も入試おけるチェックポイントとして意識して生活を送りましょう。

【おすすめ問題集】
　Ｊｒ・ウォッチャー29「行動観察」

問題43　分野：食事テスト

〈準備〉　お箸、お椀、大皿、野菜
　　　　　お椀に野菜を入れておく。

〈問題〉　この問題の絵はありません。
　　　　　①食べる時の挨拶をしましょう。
　　　　　②お椀を持ちましょう。
　　　　　③お箸でお椀の野菜を大皿に移しましょう。
　　　　　④食べ終わる時の挨拶をしましょう。

〈時間〉　適宜

〈解答〉　省略

［2022年度出題］

学習のポイント

帝塚山学院といえば「給食を食べるテスト」というぐらい、代表的な試験項目の１つとなっています。しかし、コロナ禍での入試は、実際に食材を食することは難しく、箸使いを観る内容になっています。この出題意図は、好き嫌いがあったとき、すぐに諦めるか、頑張るか。箸の持ち方と箸使い、お椀の持ち方、姿勢など食に関する基本が観られます。これらは、試験だから出題したというよりも、普段の食生活の大切さを認識してほしい。試験を通して正しい食事の作法を身につければ、一生のことになるという考えも含められています。このような学習をする際、まずは、保護者の方も正しい食事マナーが身に付いてないと、お子さまに指導はできません。このような箸を用いた入試をしている学校では、保護者の方にも箸使いをさせてみてはどうか。という意見が入試会議において出ています。もし、そうなったとき、自信を持って望めるでしょうか。これを機に、食事の作法を身につけるようにしましょう

【おすすめ問題集】
　Ｊｒ・ウォッチャー30「生活習慣」、56「マナーとルール」

問題44　分野：行動観察・巧緻性

〈準備〉　曲道、下駄箱、靴２足

問題44の絵を、四角に沿って切り取り、曲道の先に距離を開けて置く。
下駄箱の上下それぞれの段に、１足ずつ靴を入れる。下の段に入れた靴は揃えておき、上の段に入れた靴は向きをバラバラにする。

〈問題〉　①曲道を歩き、向こうにある好きなおやつを１つ持ってきてください。
②持ってきたおやつを半分に折って、ちぎってください。
③下駄箱の下の段の靴のように、上の段の靴を入れてください。

〈時間〉　適宜

〈解答〉　省略

［2022年度出題］

学習のポイント

指示行動、巧緻性などをまとめて行う問題です。これらは、１つの問題として観るのではなく、それぞれの独立した試験としても成り立つ内容となっています。お子さまにとって難しいのは、３つの課題にはそれぞれ違った観点があり、それぞれ対応しなければならないことだと思います。最初の課題は、バランス感覚を必要とします。同時に歩くスピードが適切であるかも大切ですから、慎重にしすぎないように気をつけましょう。次の問題は、観察力、手先の器用さ、集中力、記憶力が求められます。だからといって特別な力ではなく、基本的な力がしっかりと身に付いているかどうかが大切になります。ていねいに、かつ早くできるように練習しましょう。最後は靴を入れる行為ですが、簡単なようで簡単ではありません。下駄箱のお手本を見て行いますが、靴はどの位置でそろえられているのかまで、注意してみなければなりません。普段から四角いところを丸く見ている場合、こうした細かなところを見落としてしまいます。

【おすすめ問題集】
Ｊｒ・ウォッチャー25「生活巧緻性」、29「行動観察」

問題45　分野：保護者面接

〈準備〉　なし

〈問題〉　この問題の絵はありません。
・建学の精神のどこに共感されていますか。
・学校の教育方針に賛同いただけますか。
・ご家庭でお子さまと接する上で、一番大切にしていることは何ですか。
・ご家庭の教育方針は何ですか。
・ご家庭でお子さまと約束していることは何ですか。
・お子さまがケンカして帰ってきたらどうしますか。
・お子さまがいじめられて帰ってきたらどうしますか。

〈時間〉　10分程度

〈解答〉　省略

［2022年度出題］

学習のポイント

面接の特徴として、回答者の指定がありません。ですから、予め内容によって回答する人を決めておかれるのもよいでしょう。質問の内容は、学校に関する理解、お子さま、躾、家庭に関することが多く取り上げられています。このような内容の場合、普段していることを回答するのですから、すぐに自信を持って回答するようにしましょう。特別よいことを言おうと考えると、発する言葉に力がなくなります。面接テストは、回答した内容だけでなく、回答時の姿勢、視線、雰囲気、言葉の強さなど、回答の背景と称されることも重視されています。相手がどう受け取るかを考えて発言するよりも、取り組んできたことを信じて、堂々と答えるように心がけましょう。また、学校でのトラブルに対する対応は、多くの方が間違った対応をしてます。我が子のことばかりを考えるのではなく、俯瞰した位置から物事を見るようにしましょう。

【おすすめ問題集】

新 小学校面接Q＆A、保護者のための入試面接最強マニュアル

問題 1

①

②

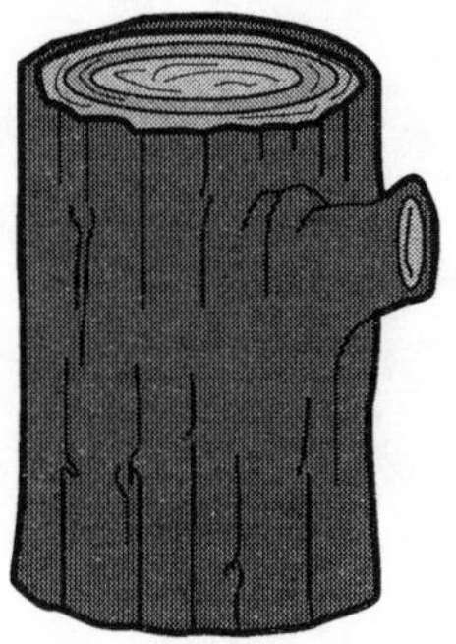

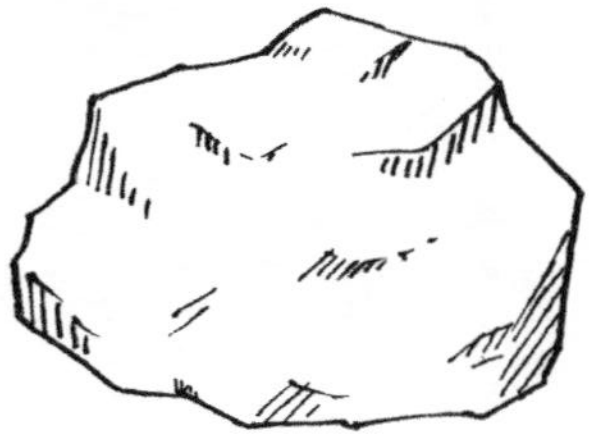

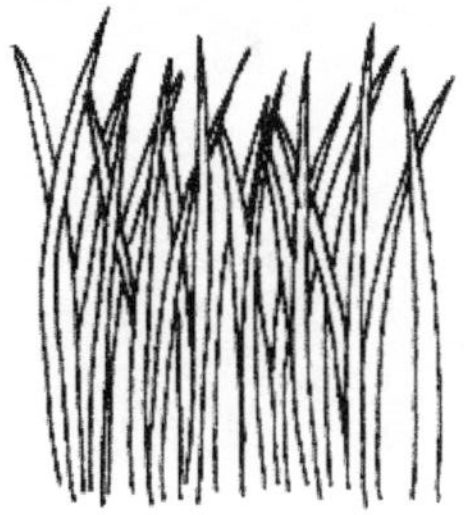

日本学習図書株式会社

問題 2 - 1

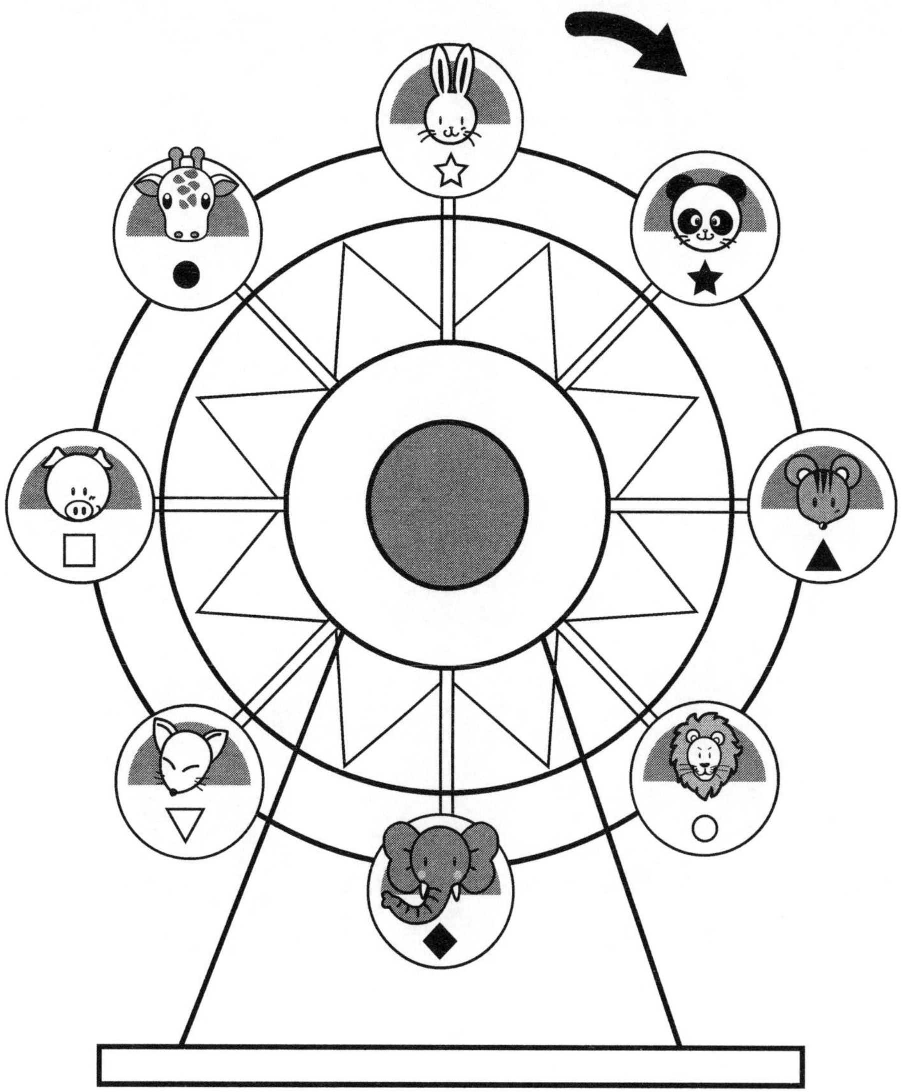

問題2－2

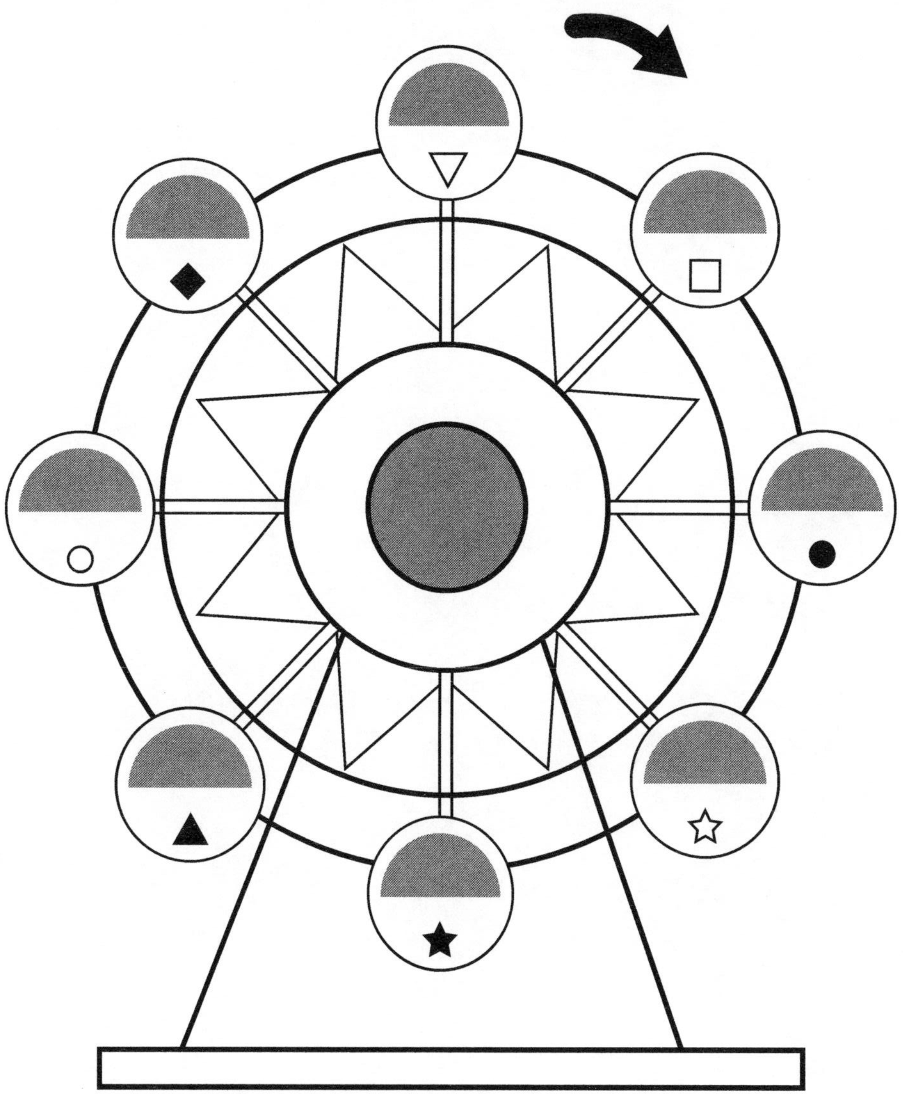

問題3

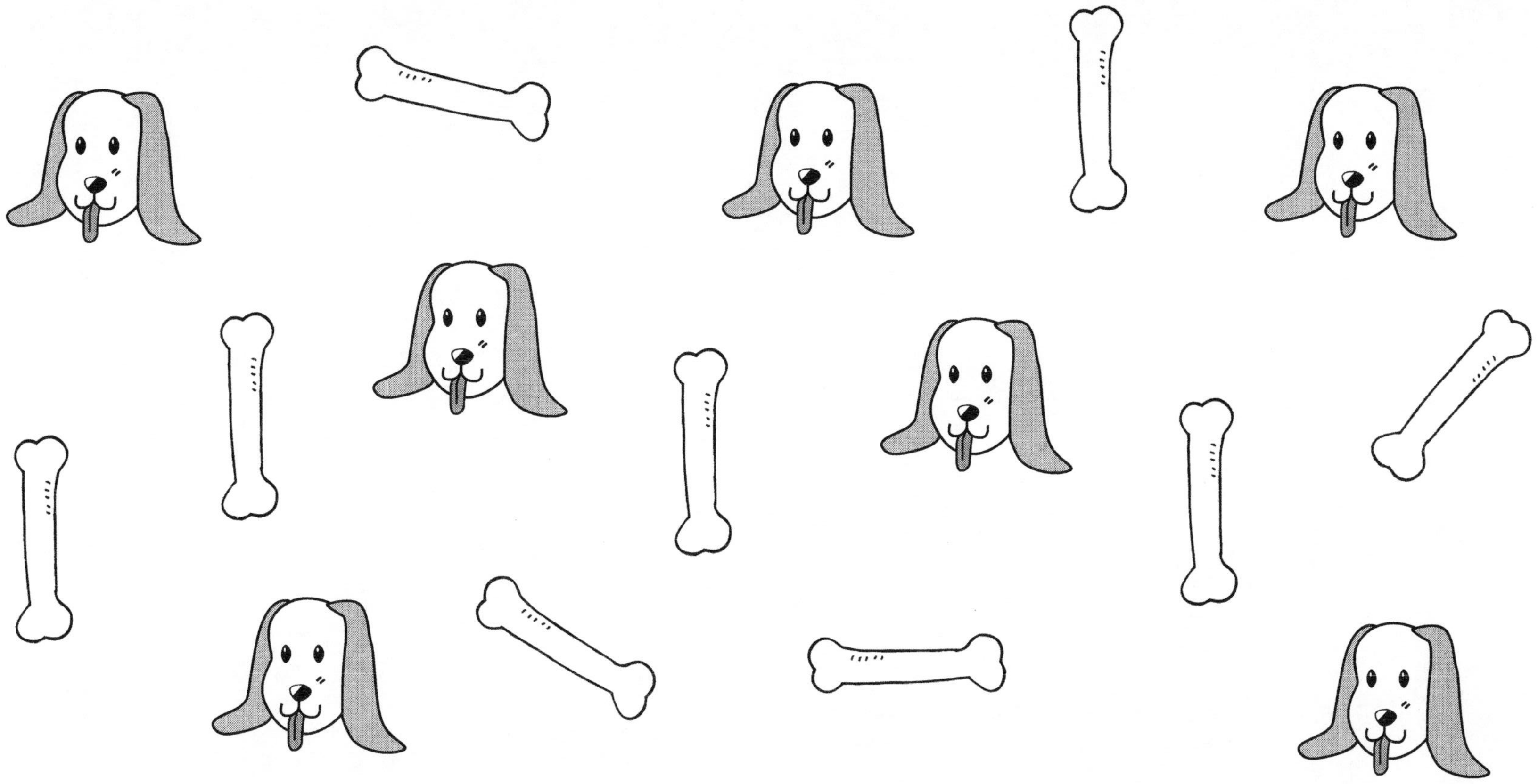

☆城星学園小学校

問題4

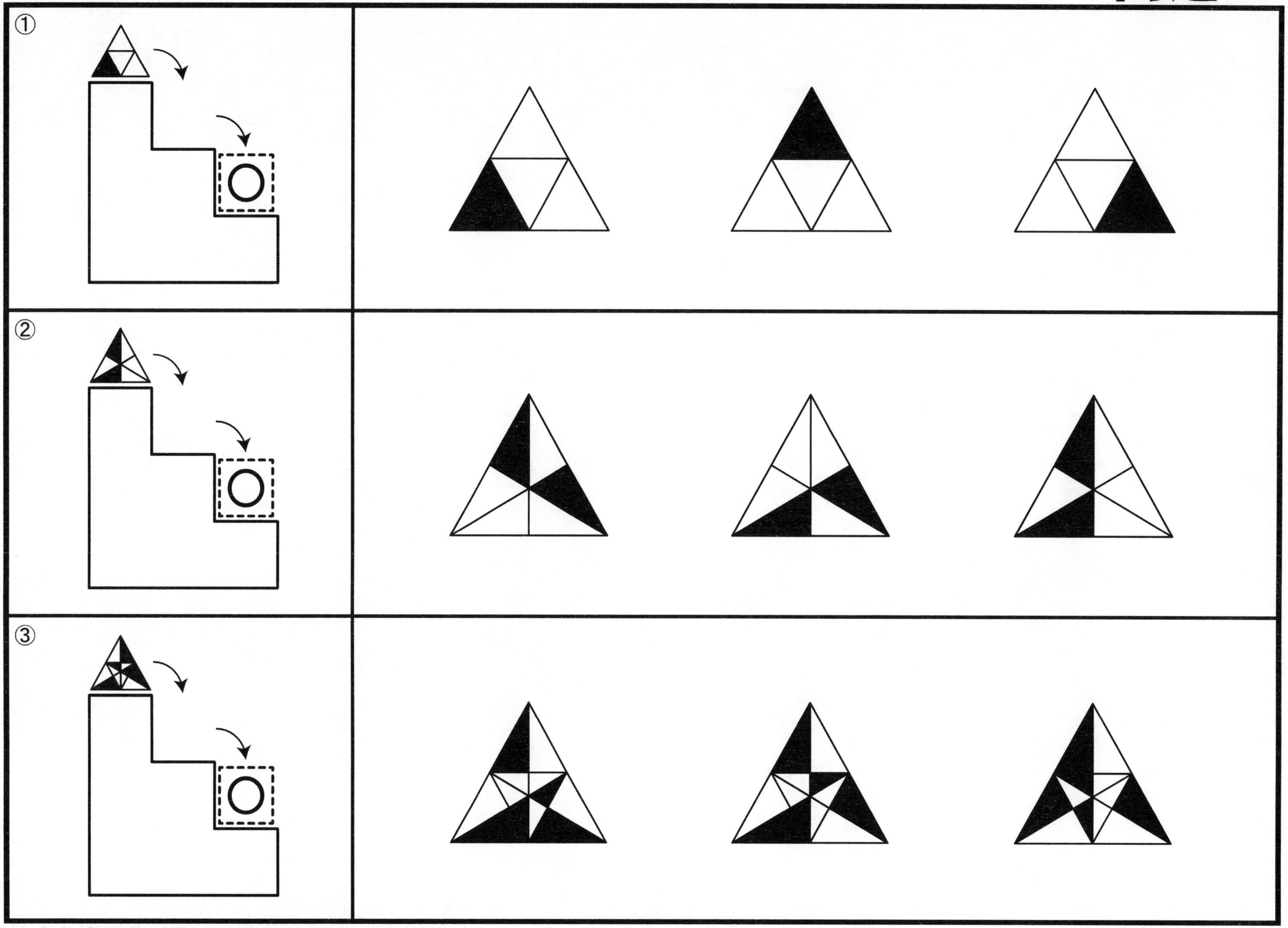

問題5

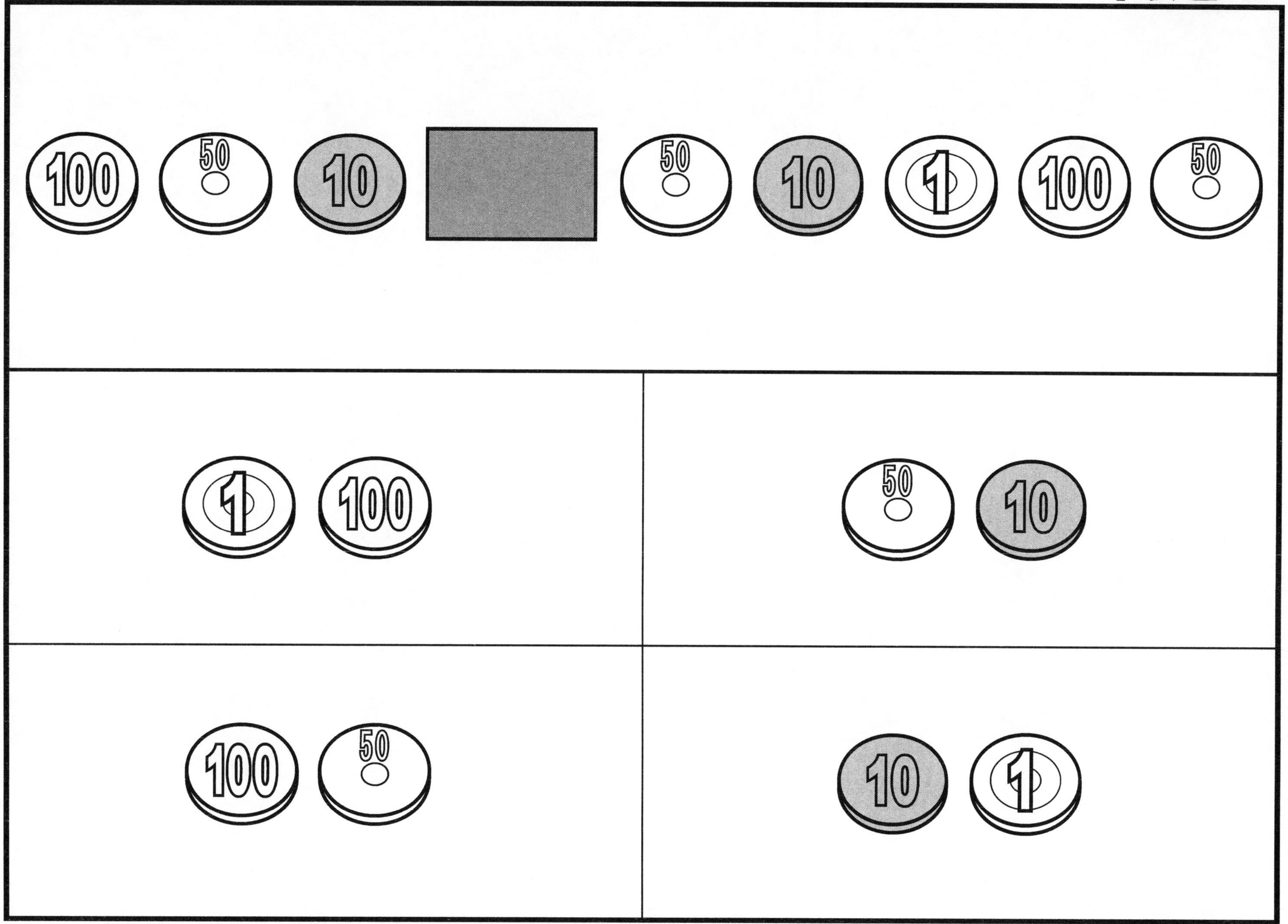

日本学習図書株式会社

☆城星学園小学校

問題 6

①

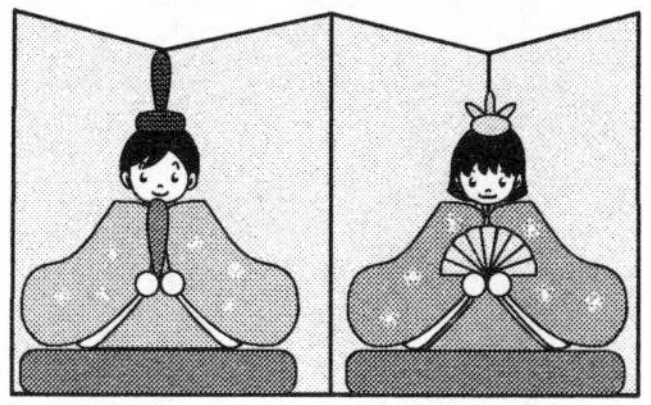

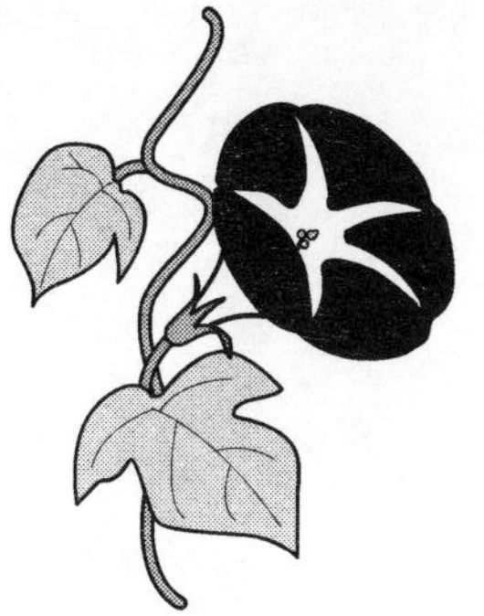

②

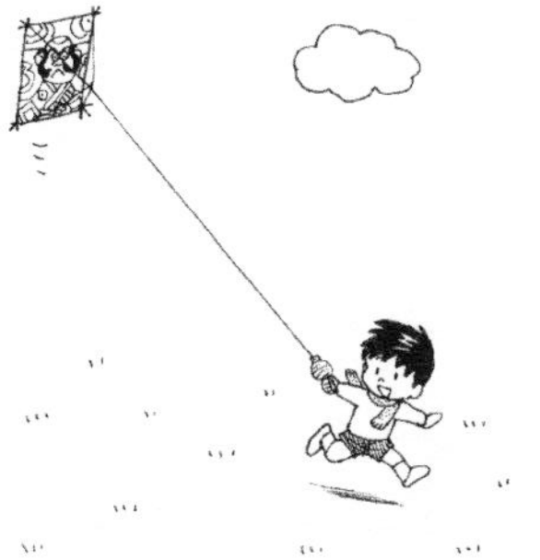

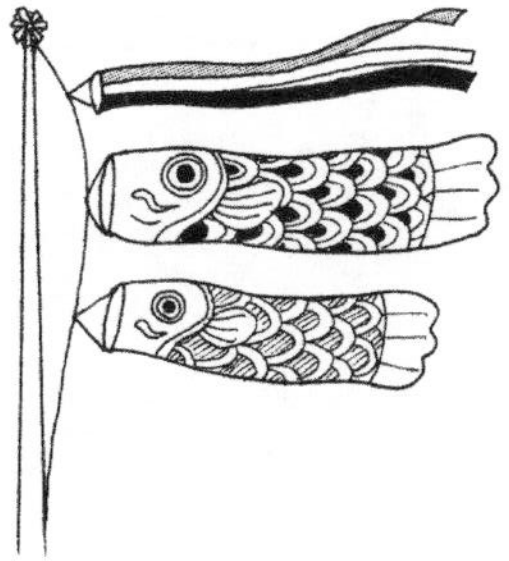

③

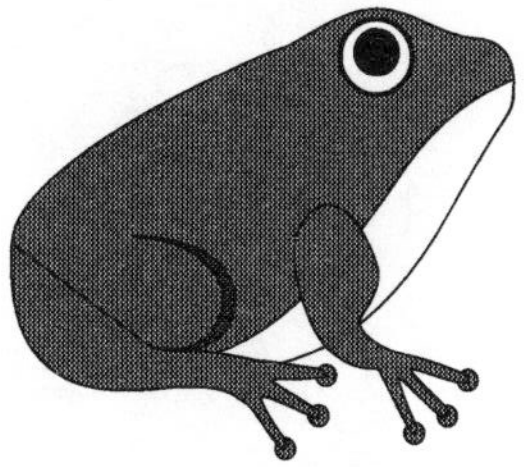

日本学習図書株式会社

☆城星学園小学校

問題７

①

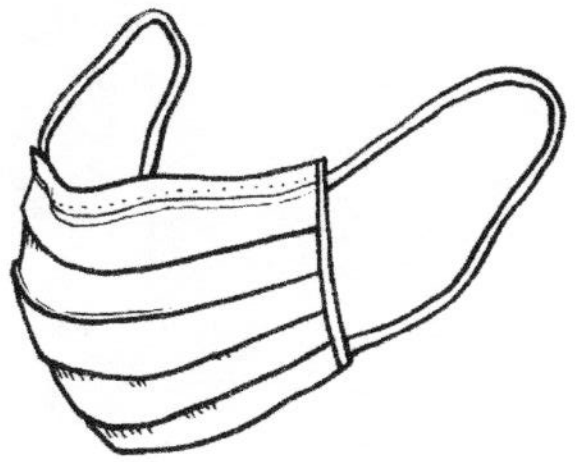

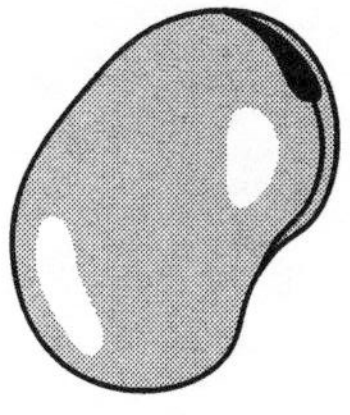

②

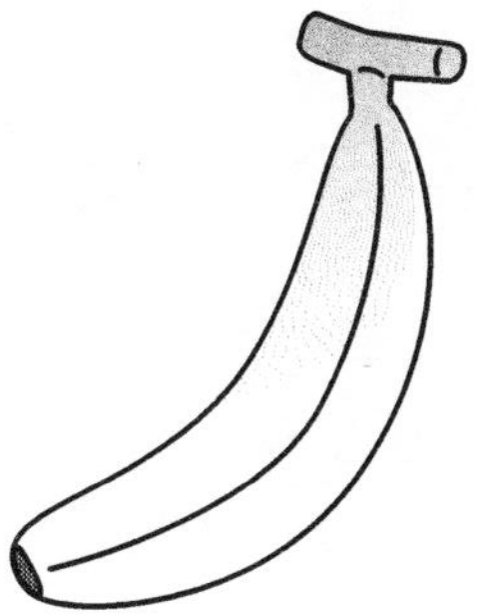

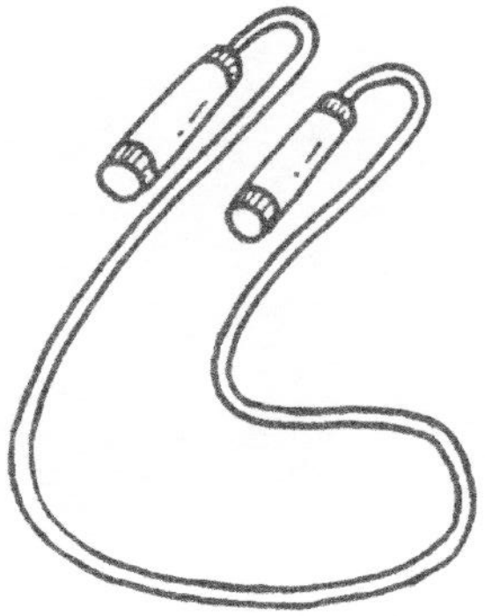

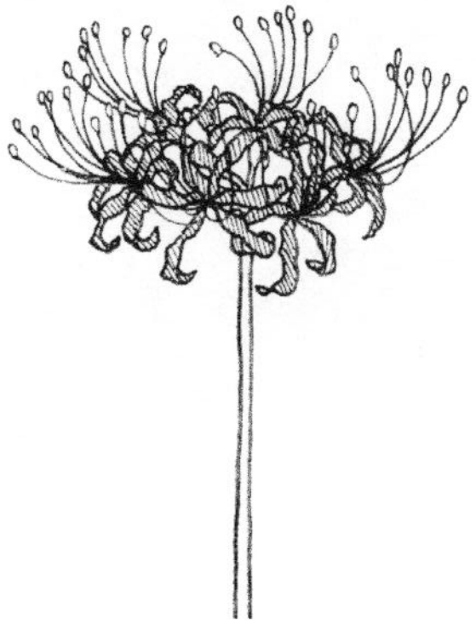

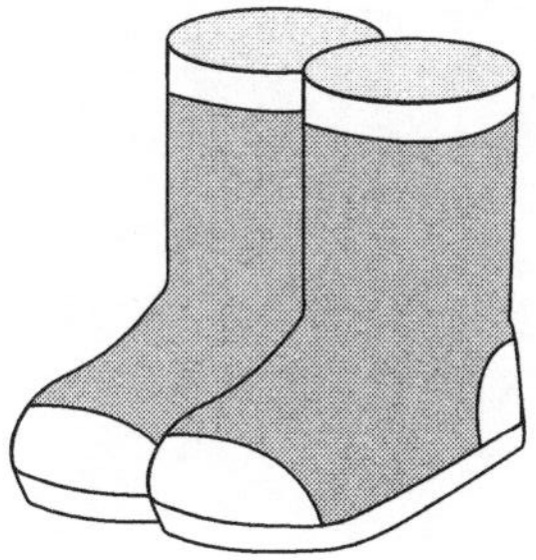

問題8

問題 9

問題１０

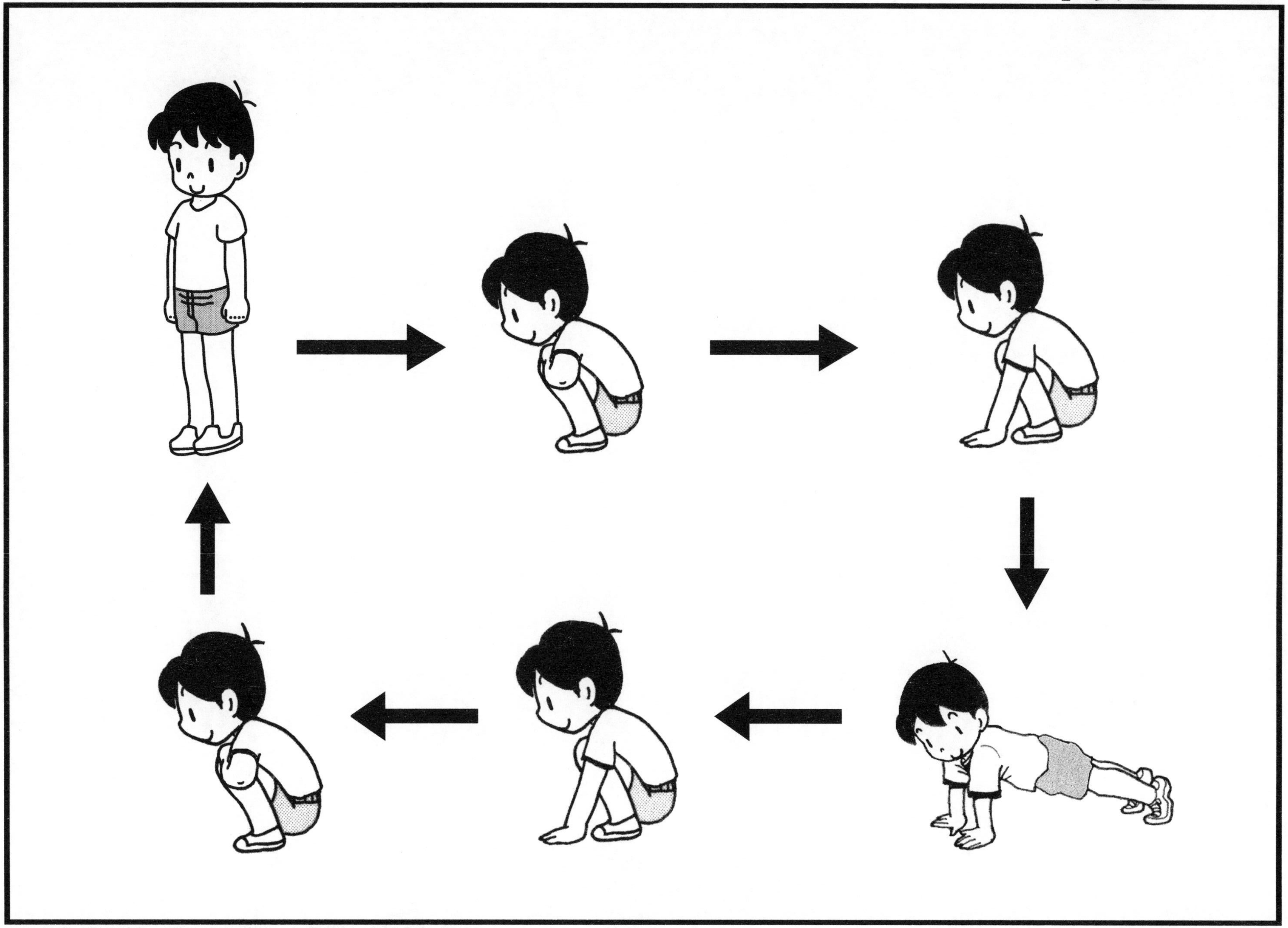

①

②

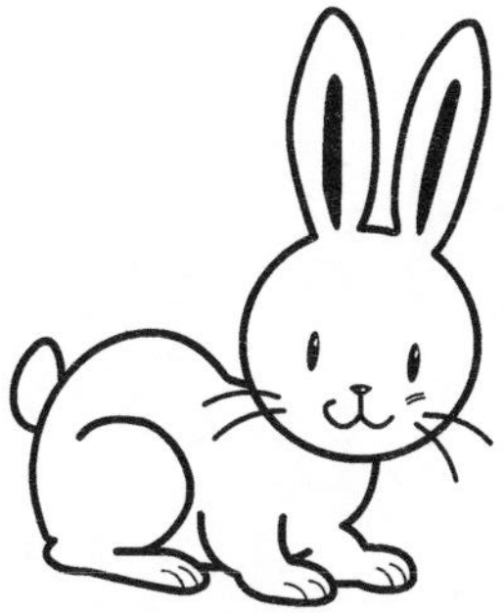

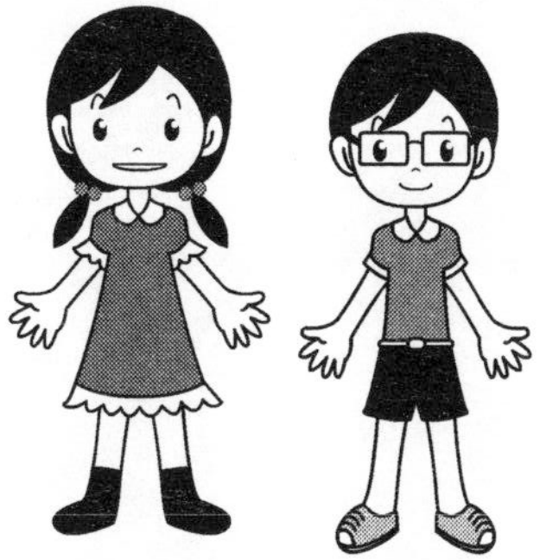

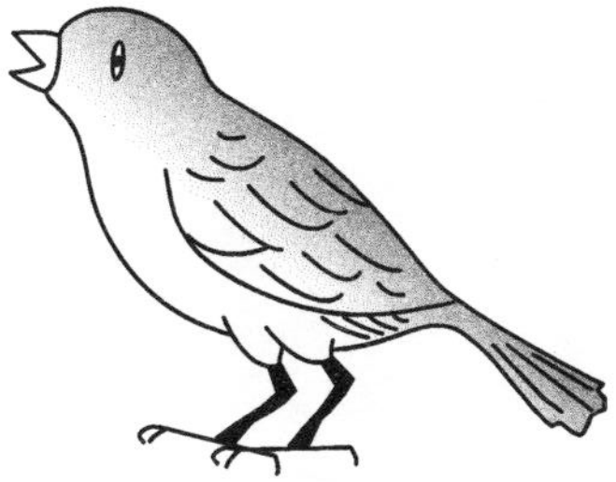

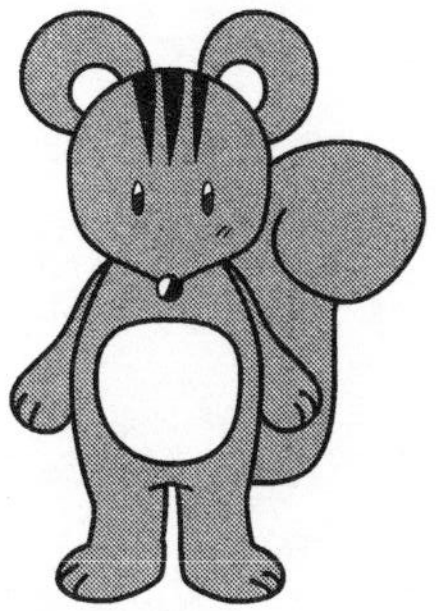

③

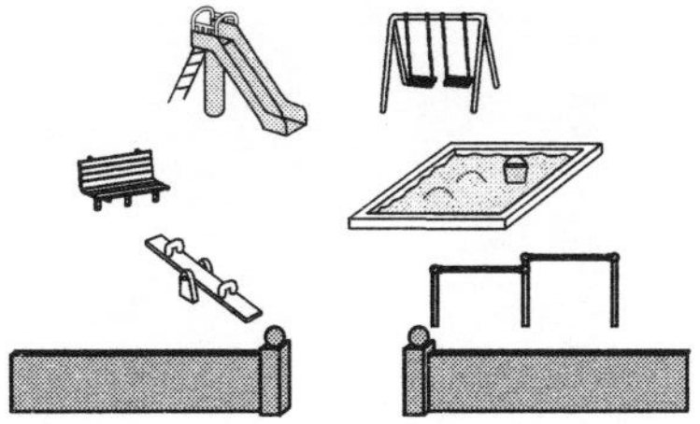

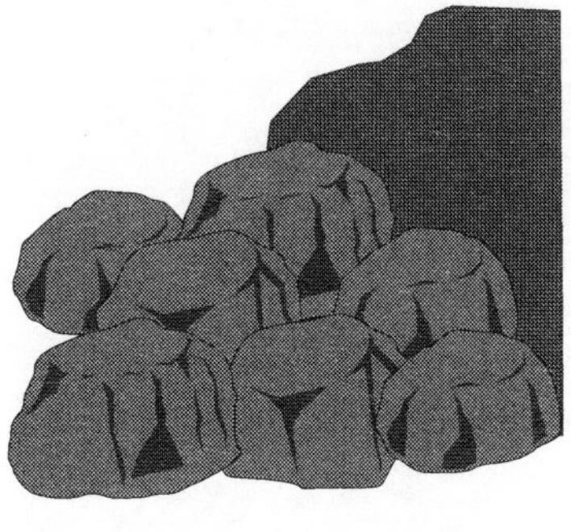

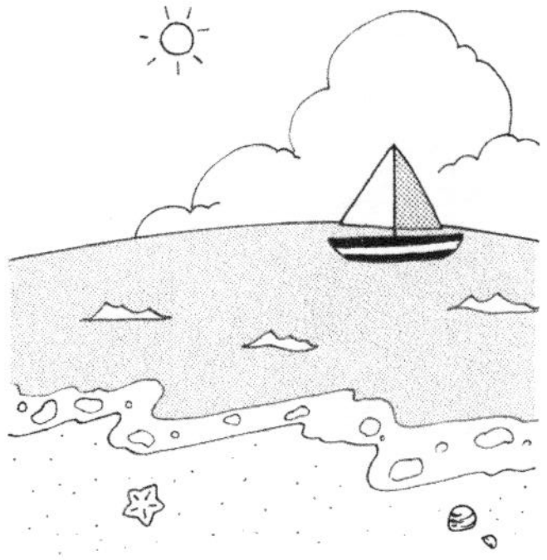

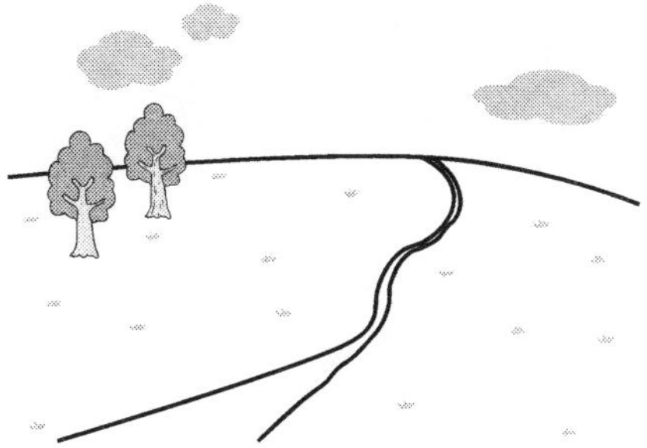

問題13－1

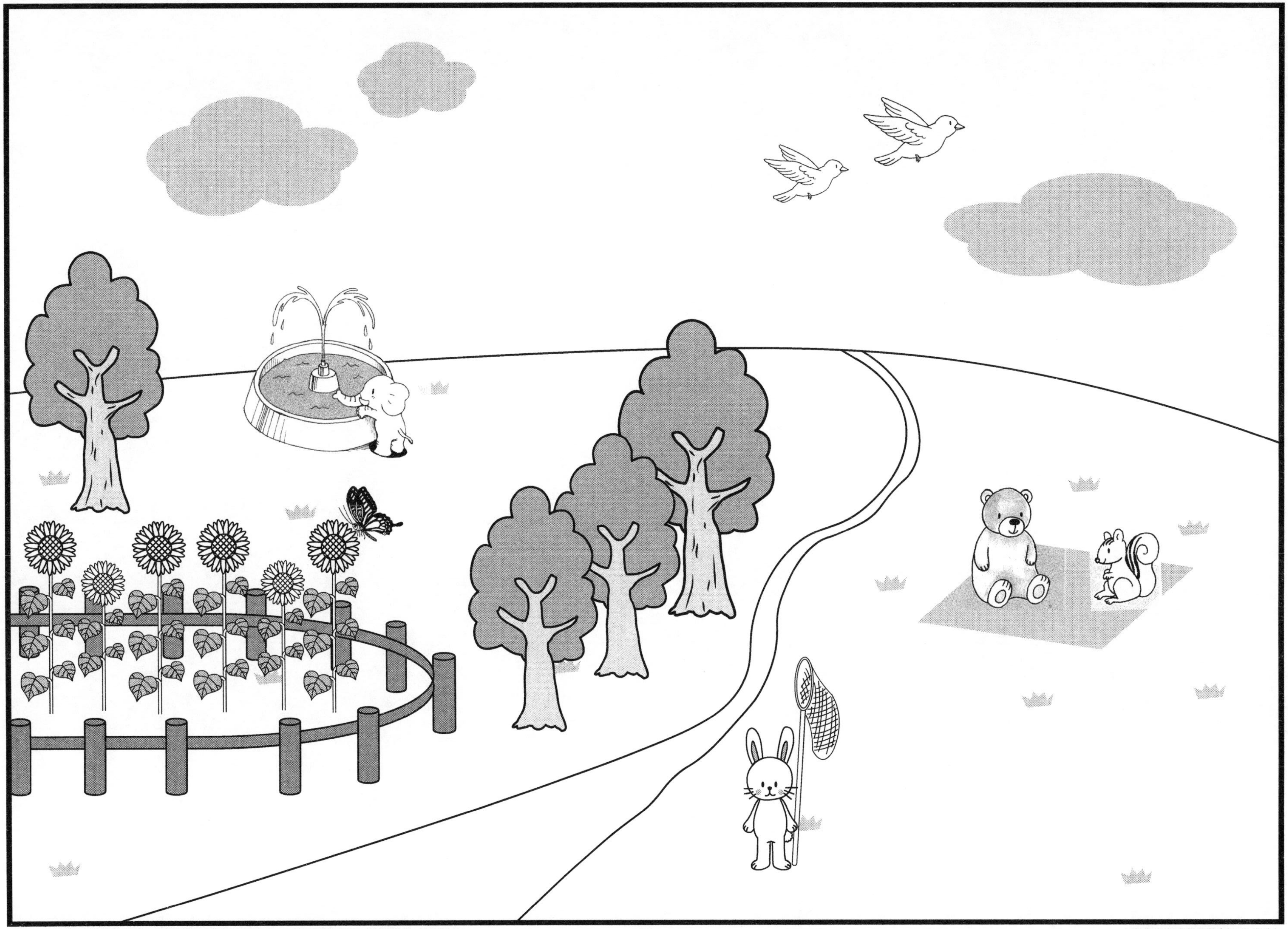

☆城星学園小学校

問題１３－２

☆城星学園小学校

問題１４

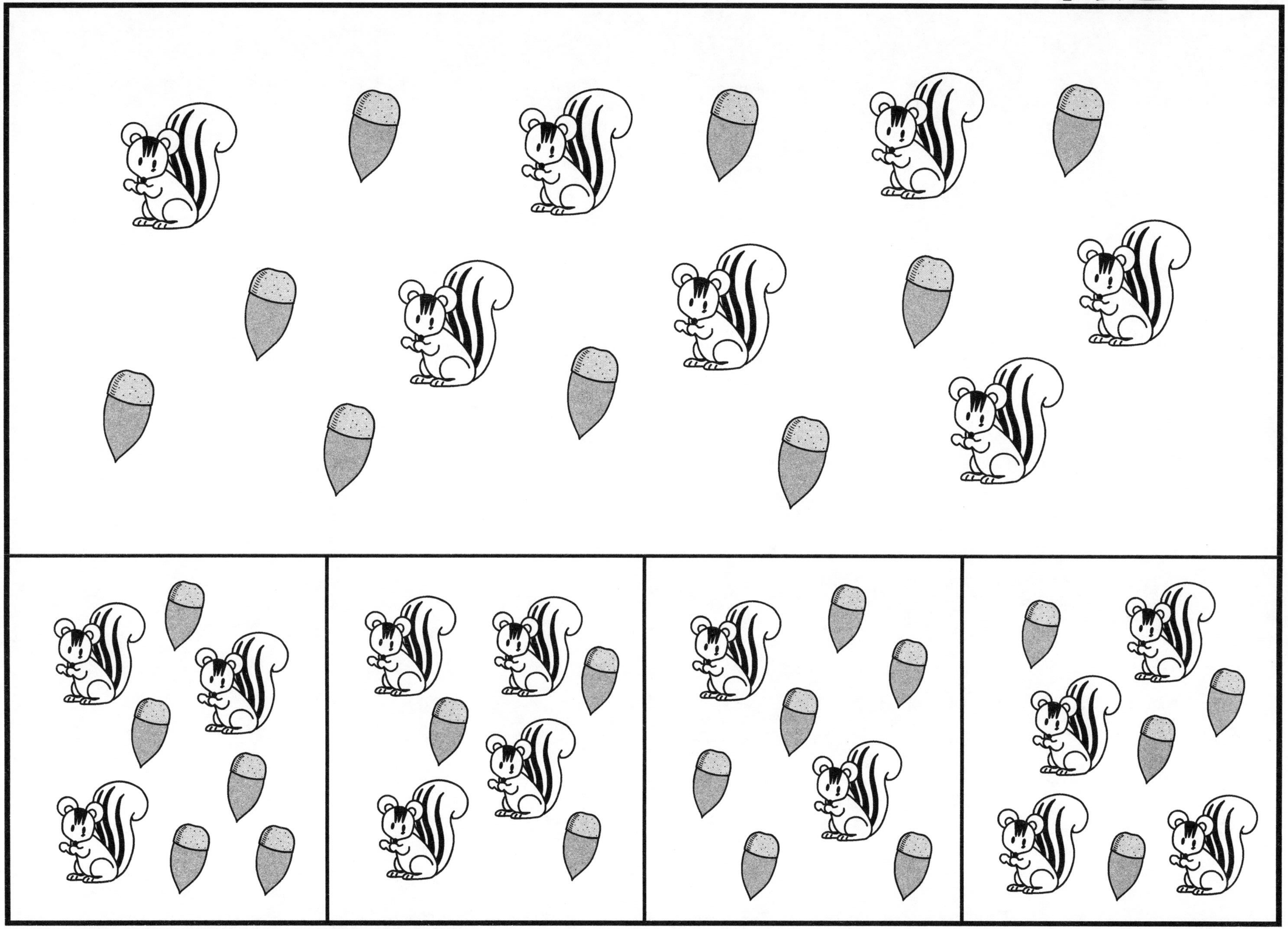

☆城星学園小学校

問題１５

①

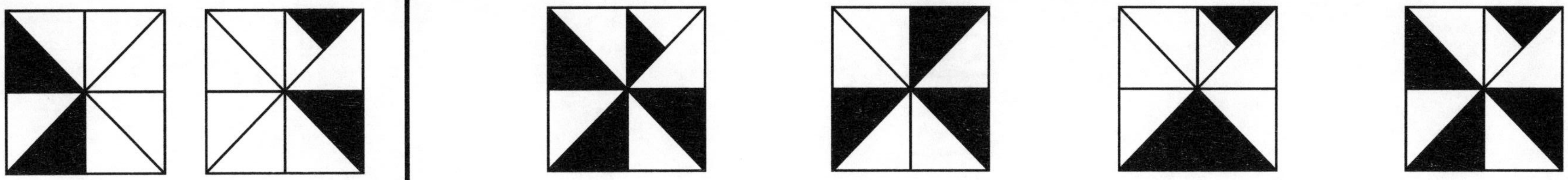

②

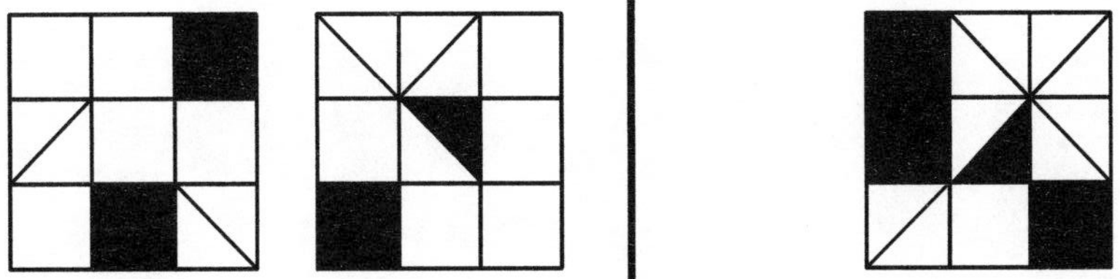

③

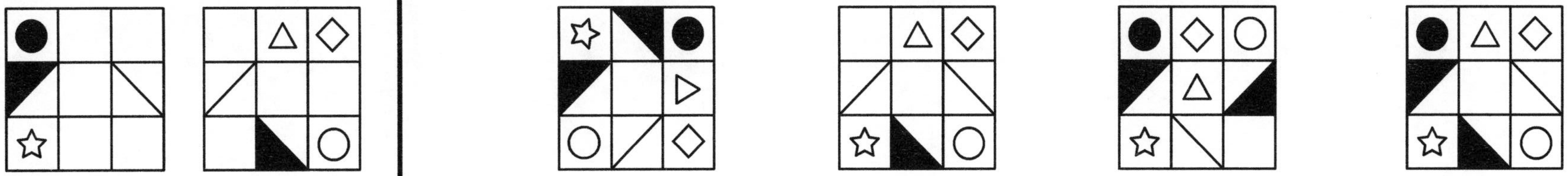

問題１６

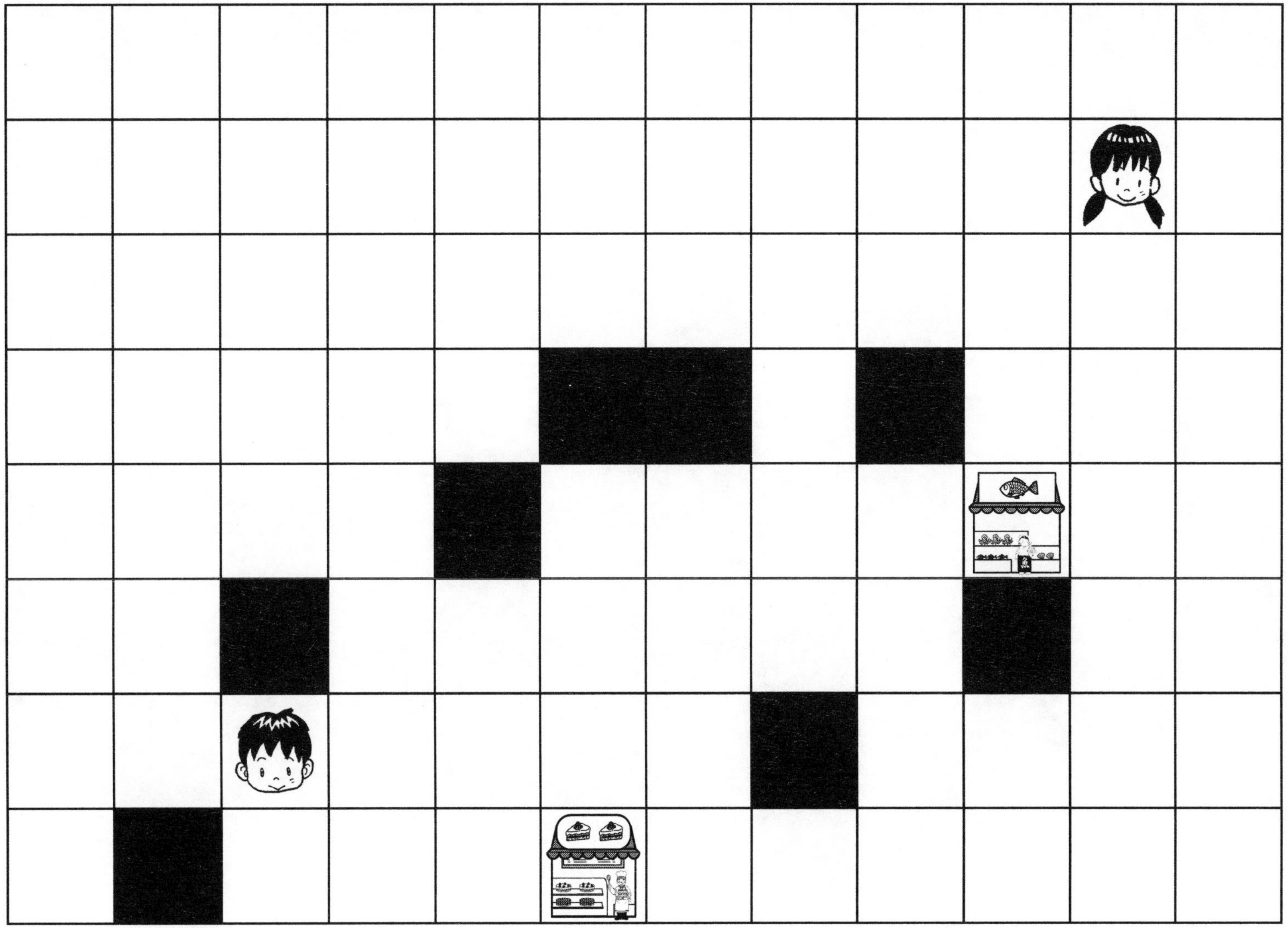

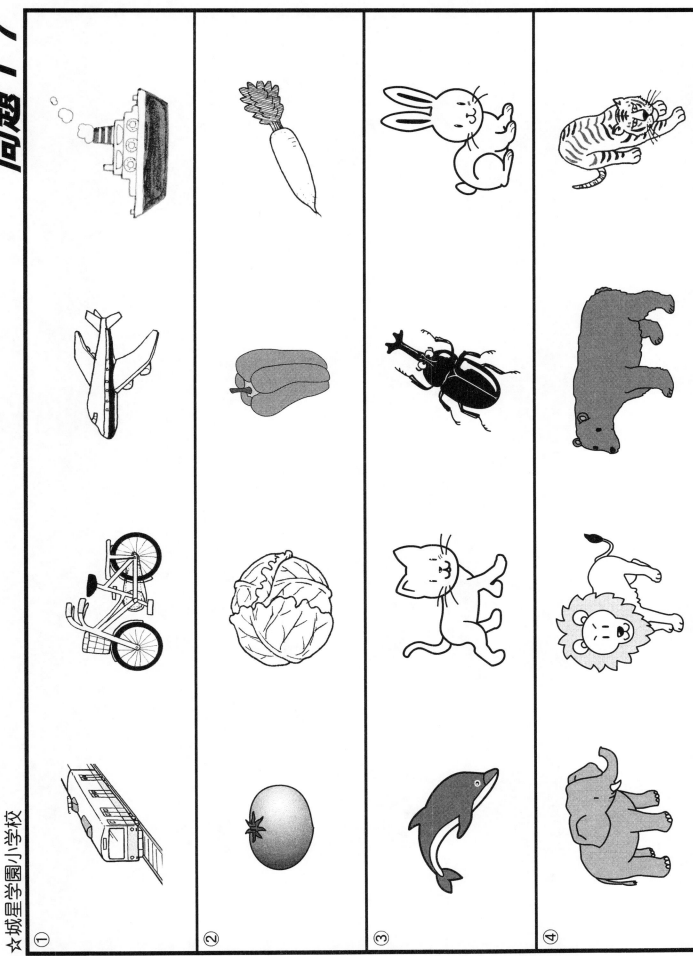

☆城星学園小学校

問題１７

①

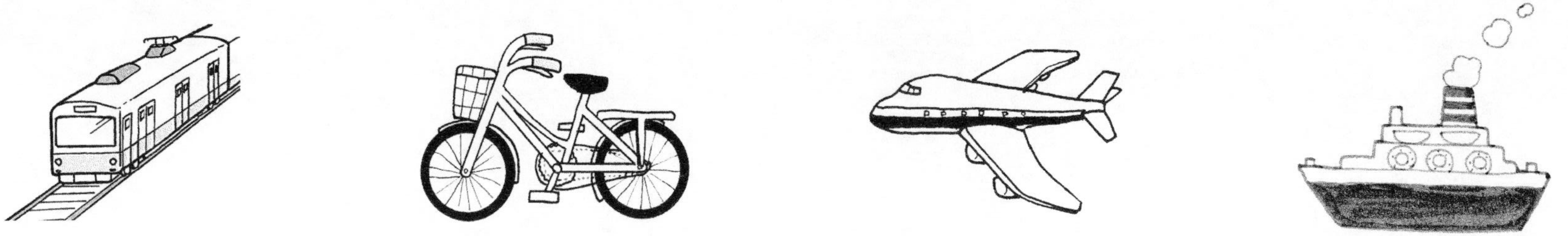

②

③

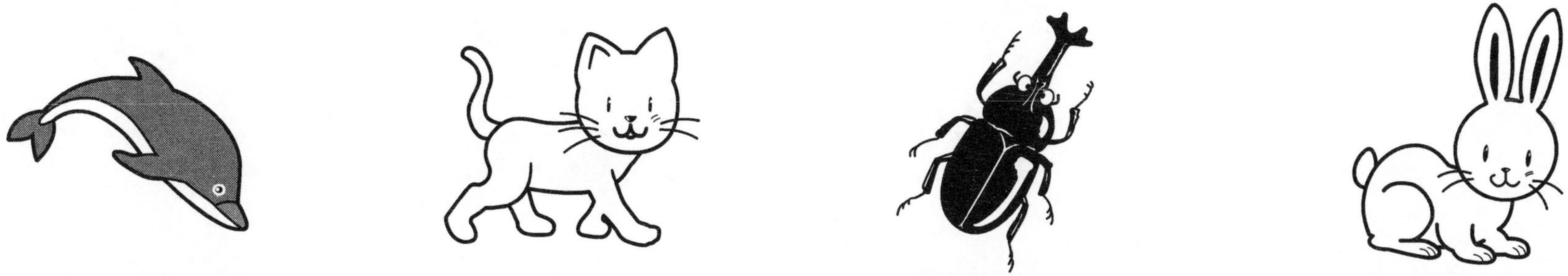

④

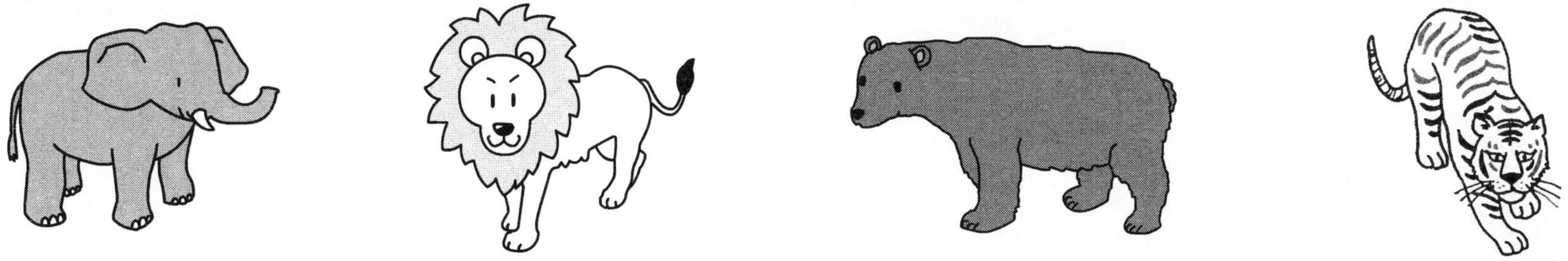

☆城星学園小学校

問題１８

①

②

③

問題１９

   日本学習図書株式会社

問題２０

問題２１

問題２３

①

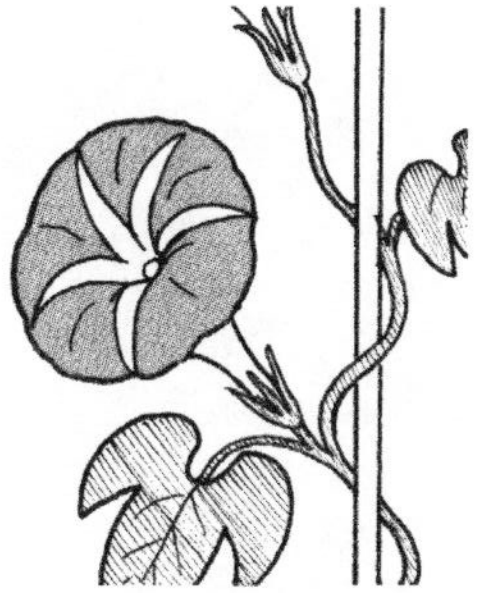

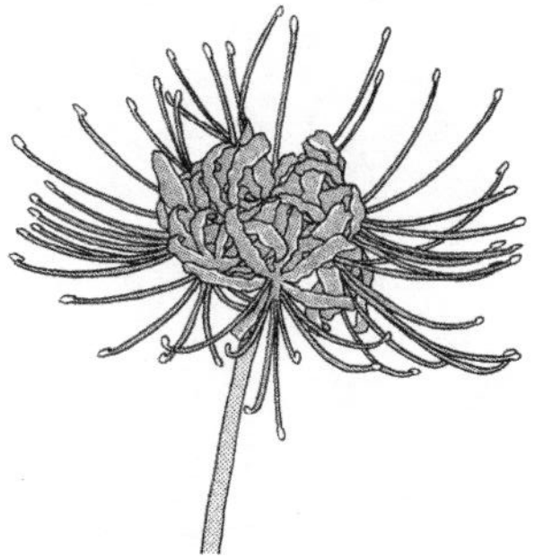

②

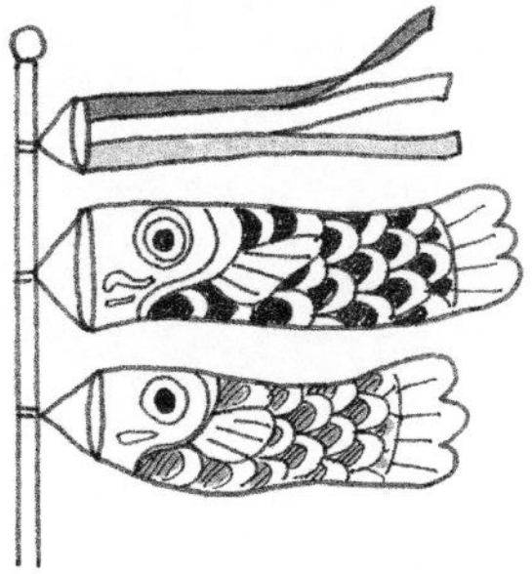

2024年度 城星学園・帝塚山学院 過去 無断複製／転載を禁ずる

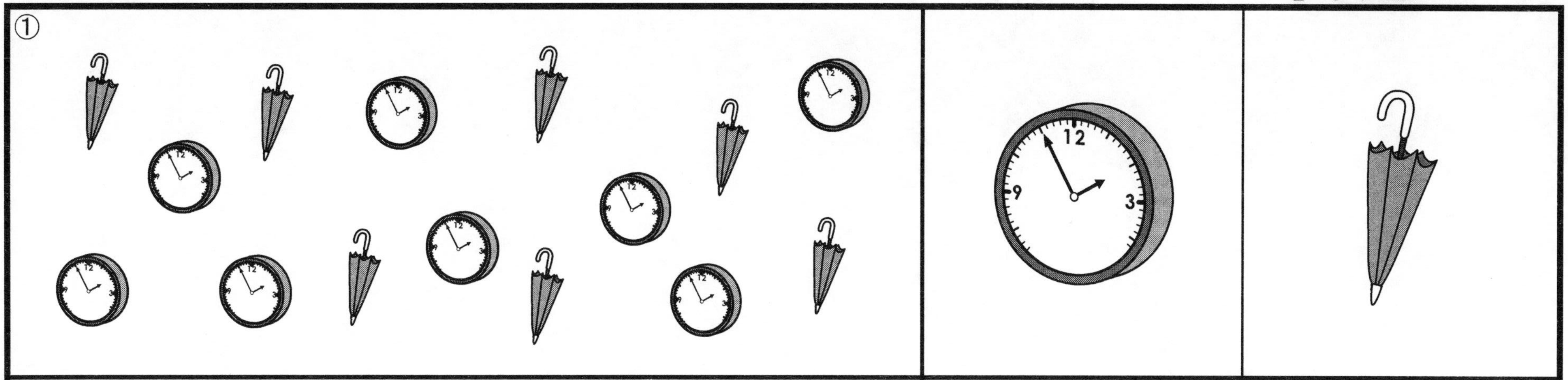

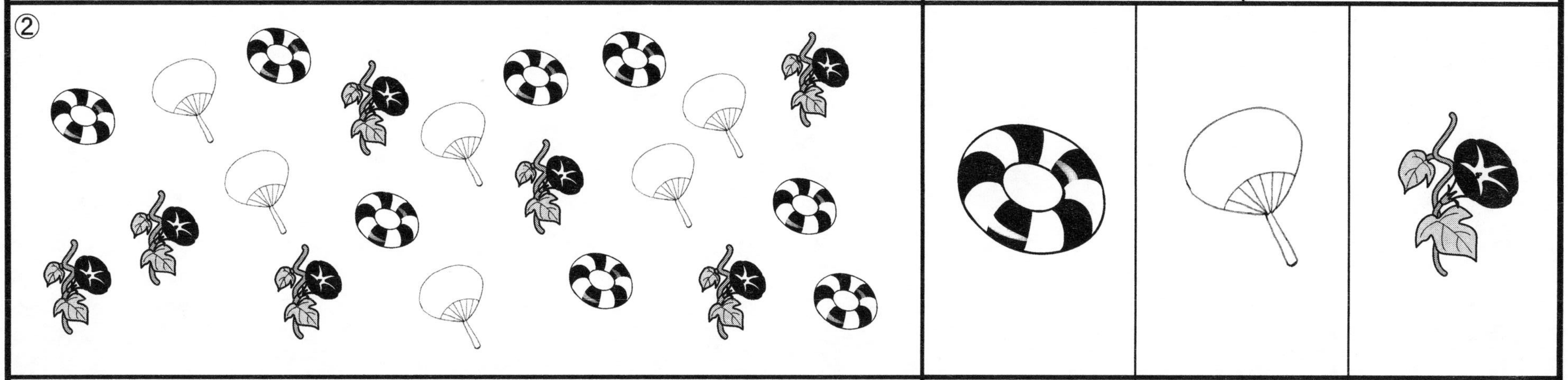

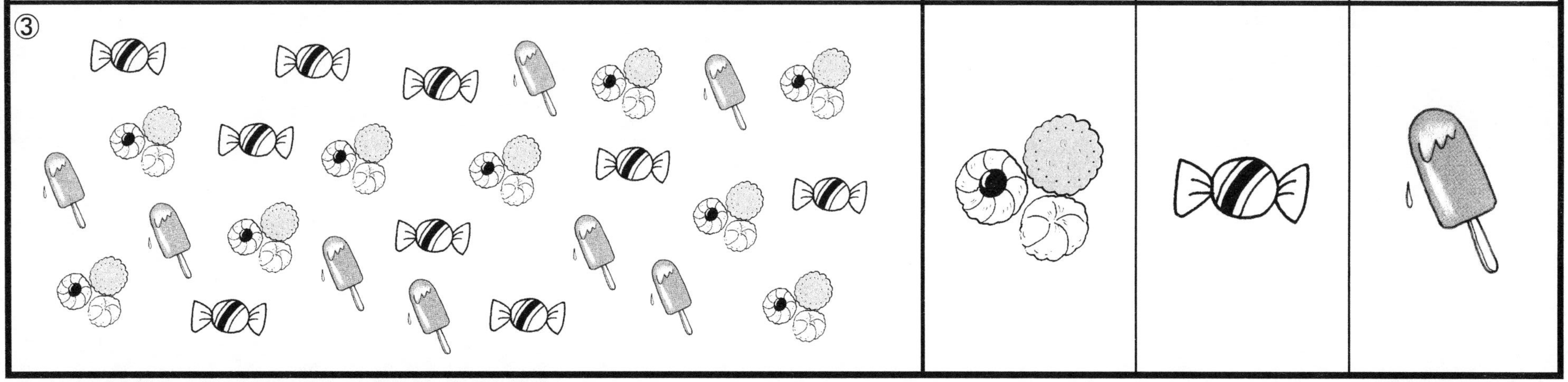

☆帝塚山学院小学校

問題２５

日本学習図書株式会社

☆帝塚山学院小学校

問題２６

①

②

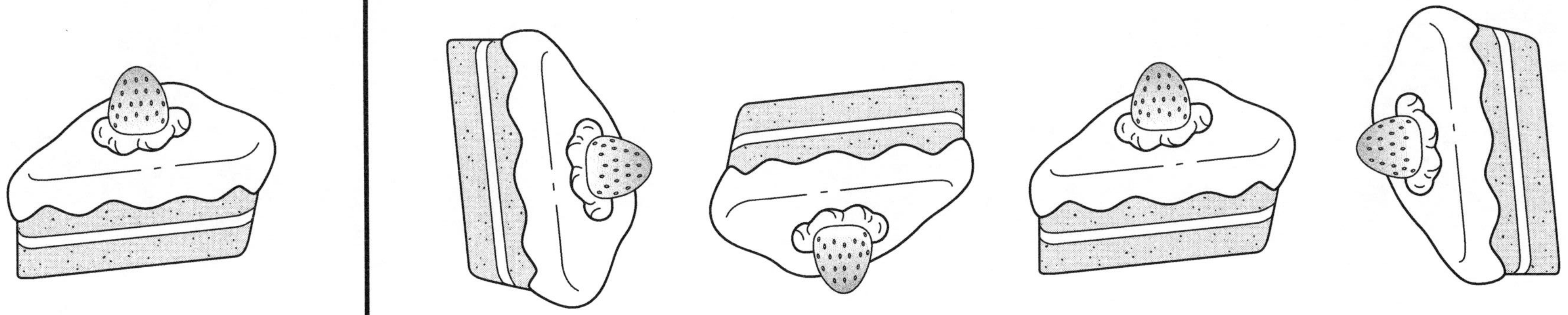

☆帝塚山学院小学校

問題２８

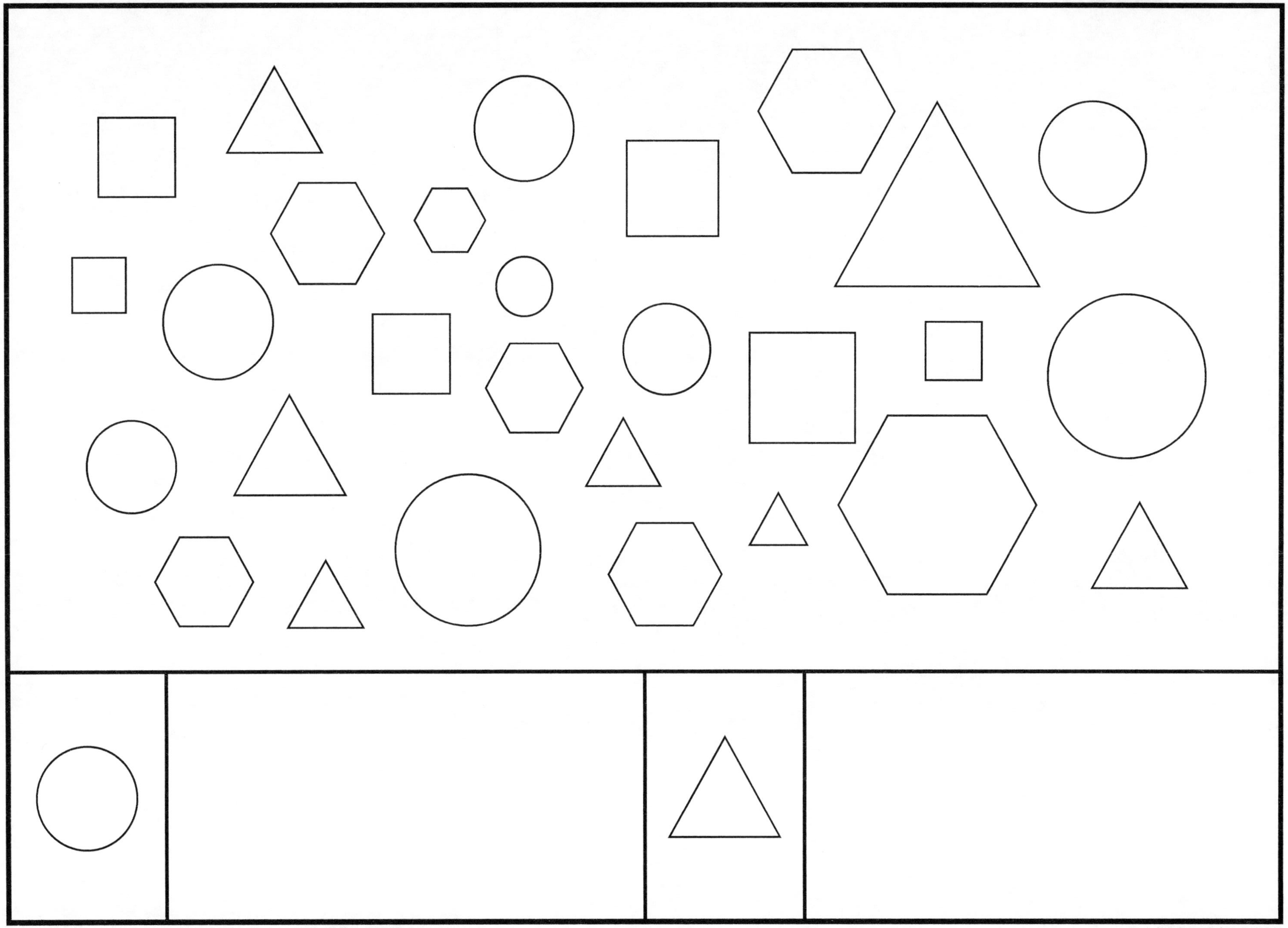

☆帝塚山学院小学校

問題２９

①

②

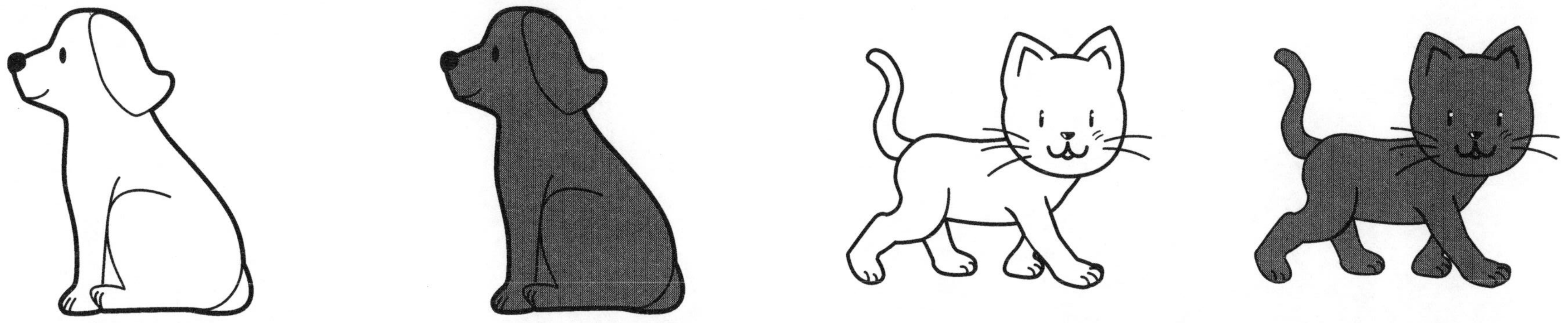

③

問題31－1

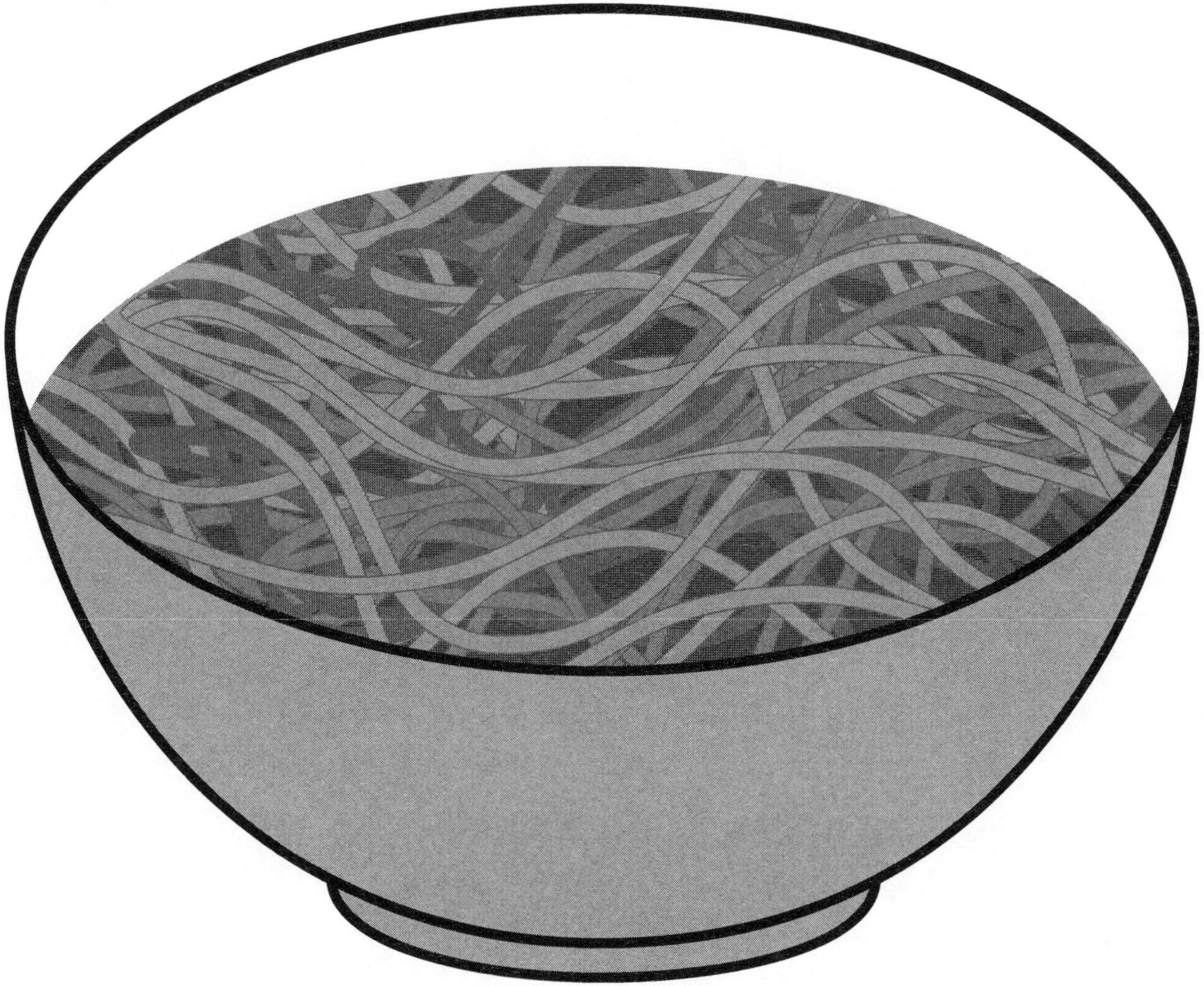

☆帝塚山学院小学校

2024 年度 城星学園・帝塚山学院 過去　無断複製／転載を禁ずる　　日本学習図書株式会社

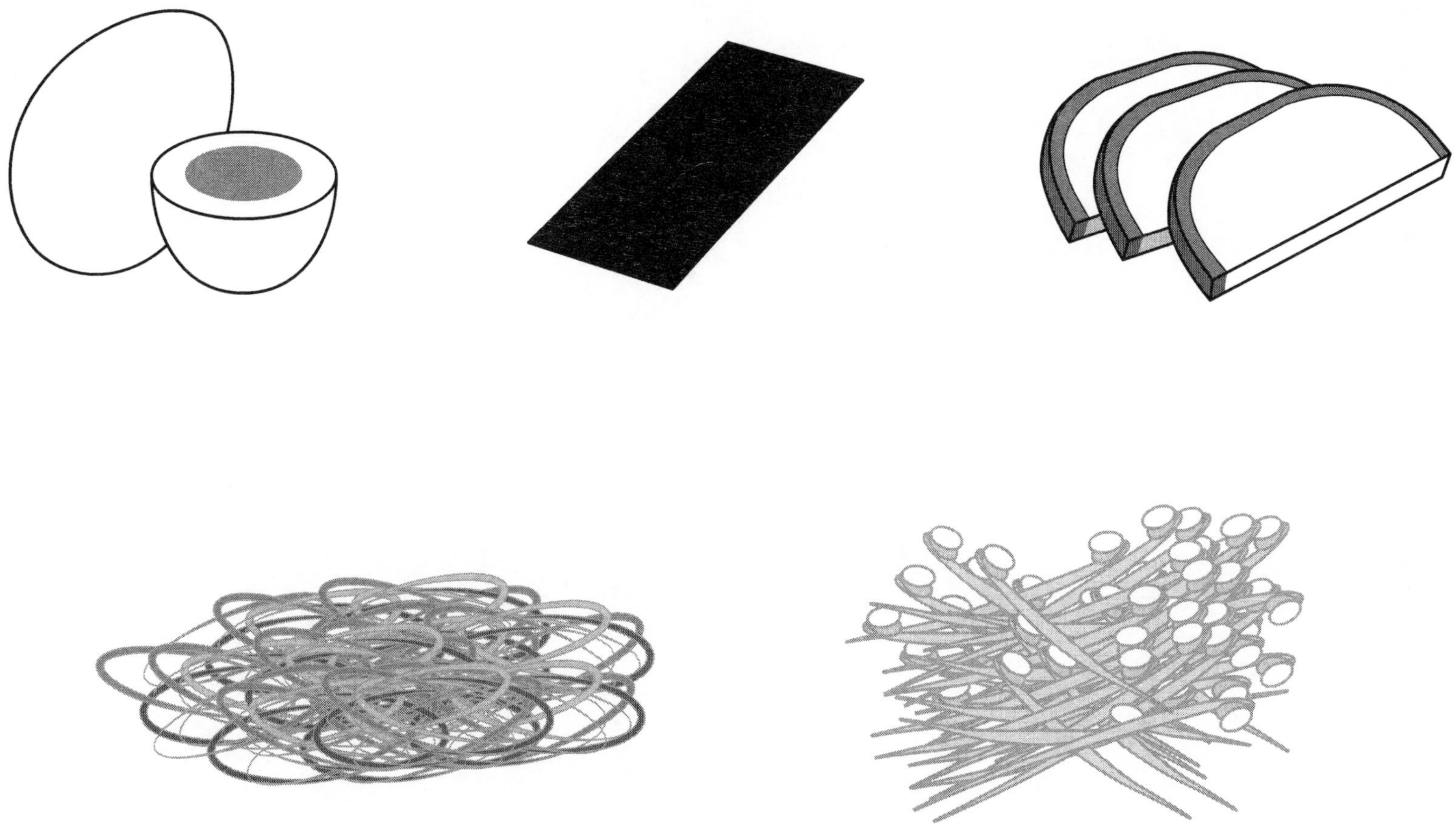

問題３２

   日本学習図書株式会社

問題３３

☆帝塚山学院小学校

2024 年度 城星学園・帝塚山学院 過去　無断複製／転載を禁ずる　　　　　日本学習図書株式会社

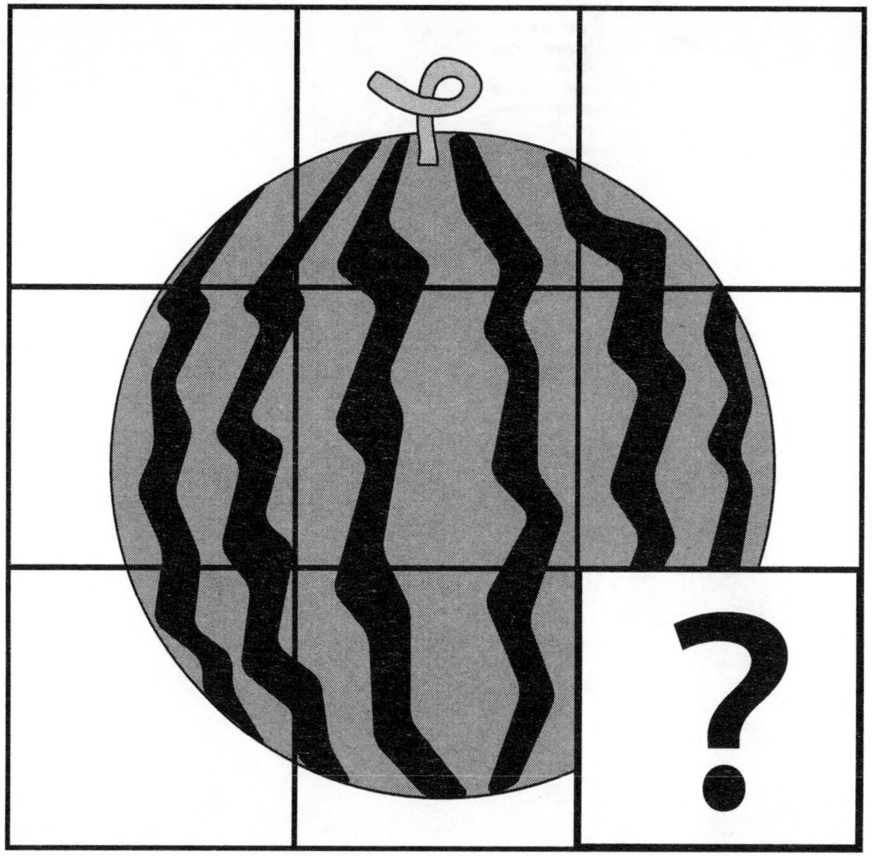

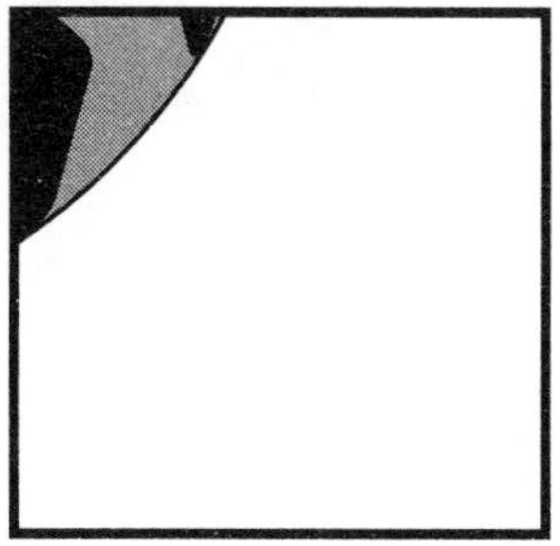

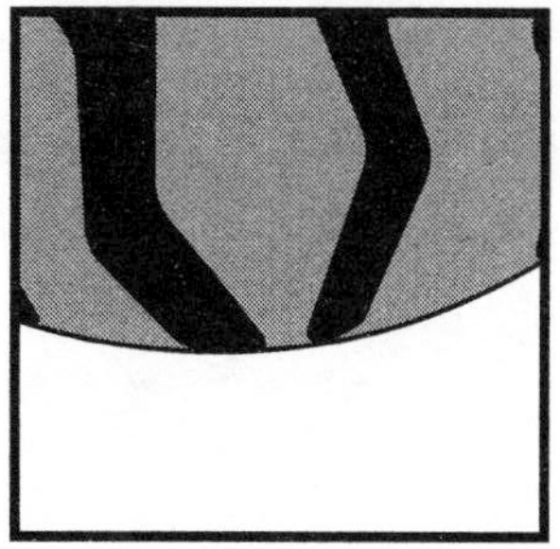

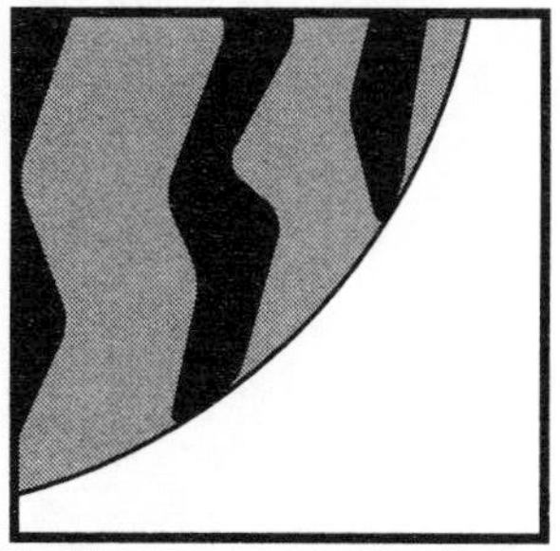

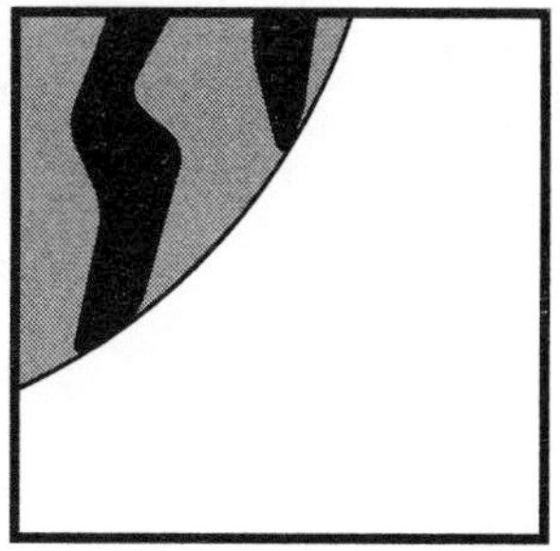

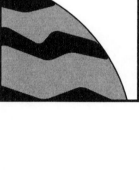

問題 3 6

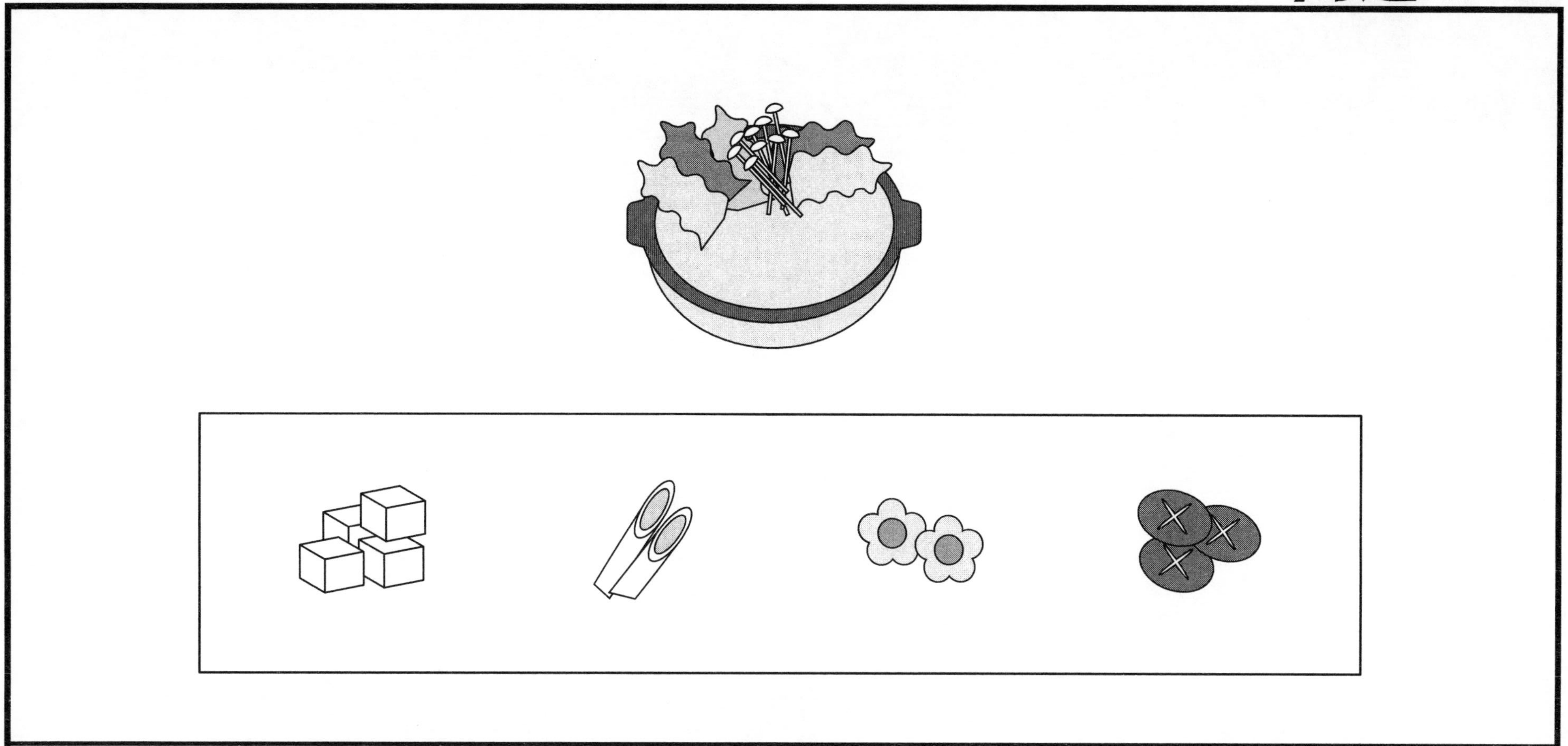

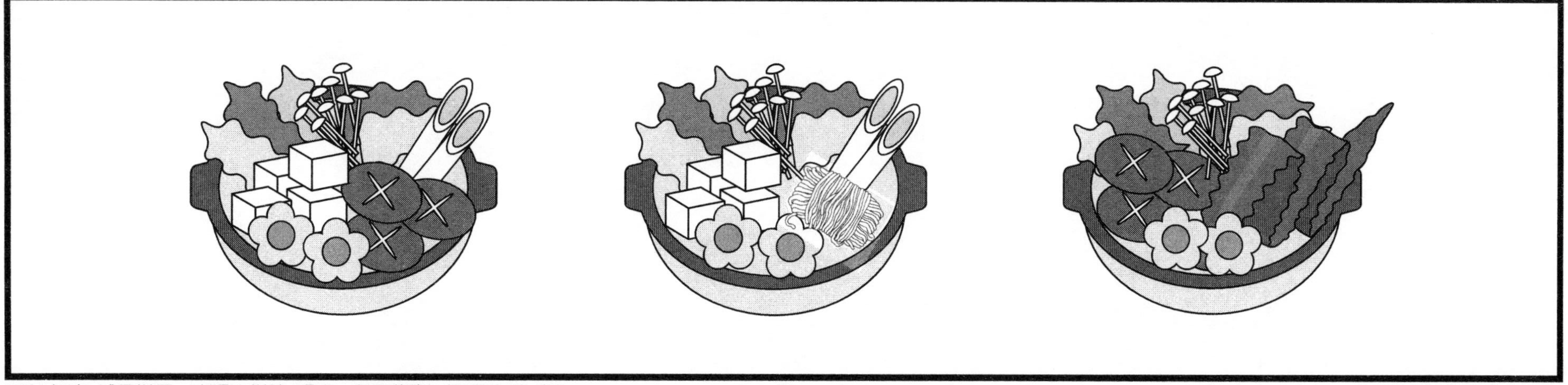

問題３７

☆帝塚山学院小学校

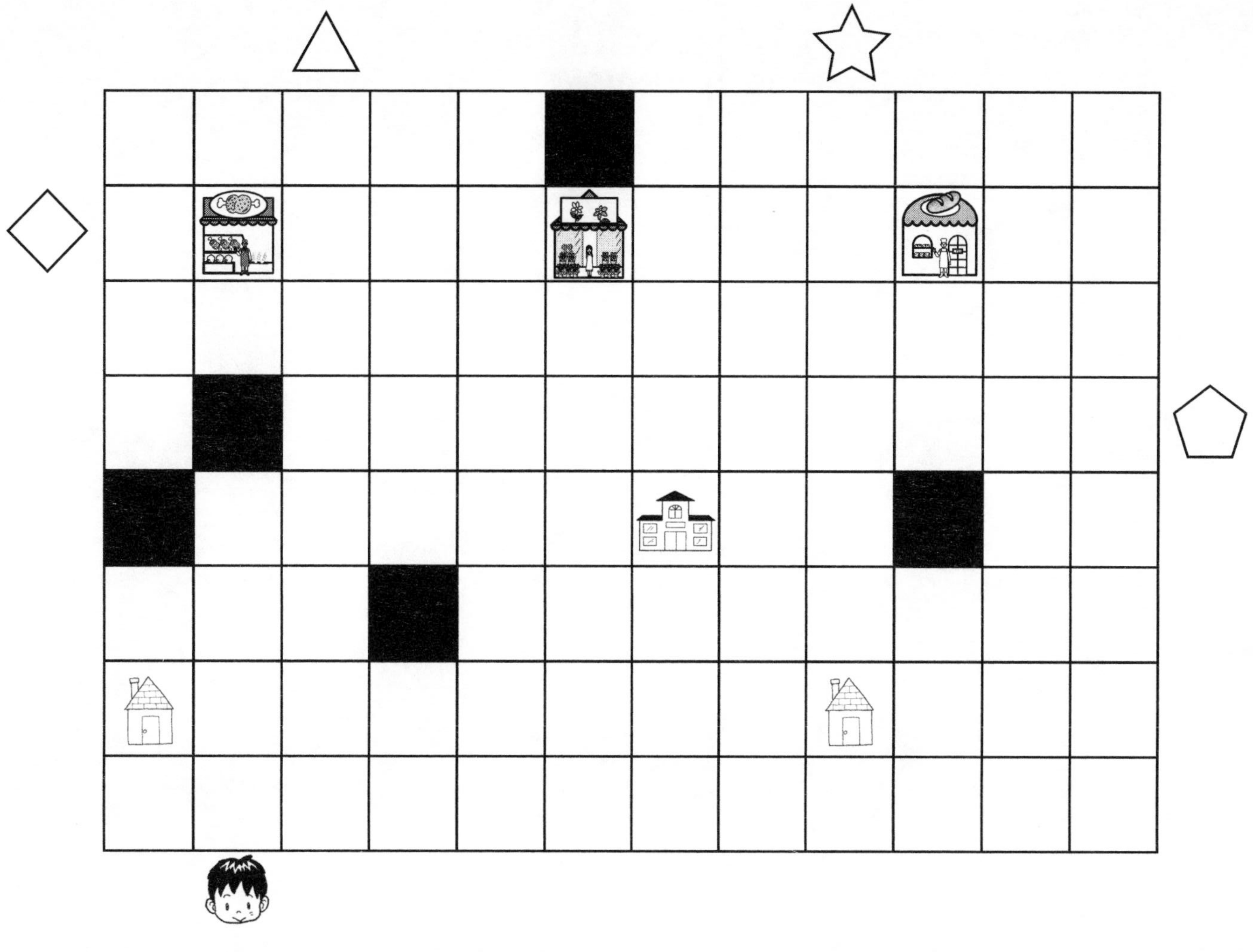

① ②

2024年度 城星学園・帝塚山学院 過去　無断複製/転載を禁ずる　　　　　　　　　　　　日本学習図書株式会社

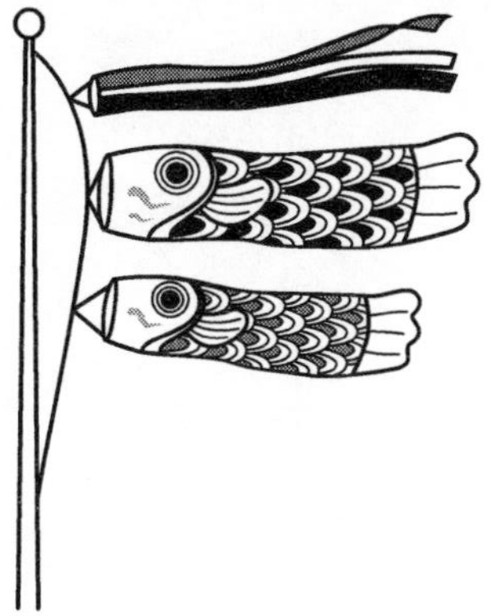

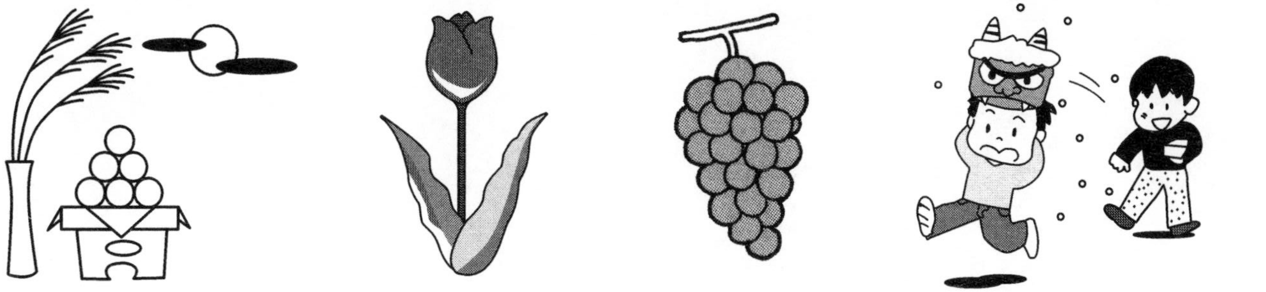

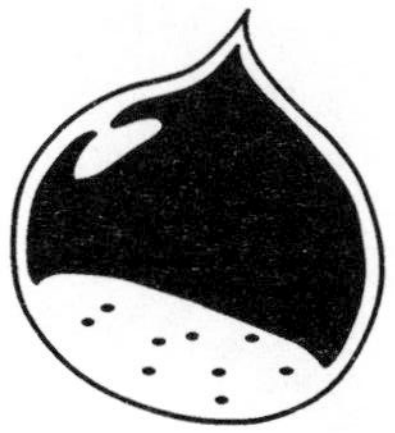

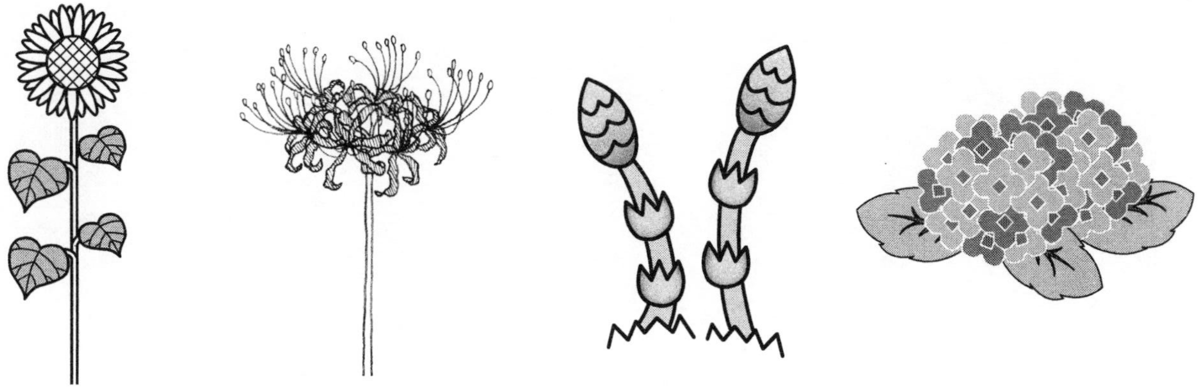

問題38－2

③

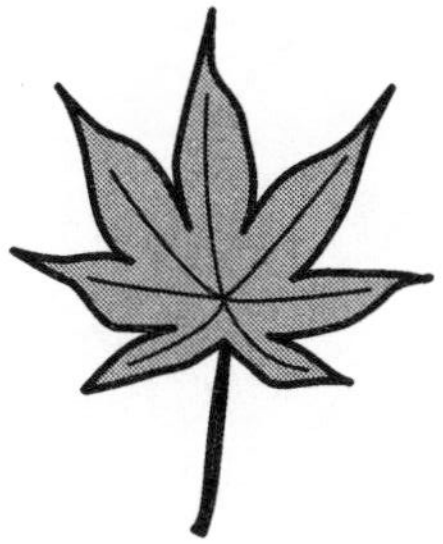

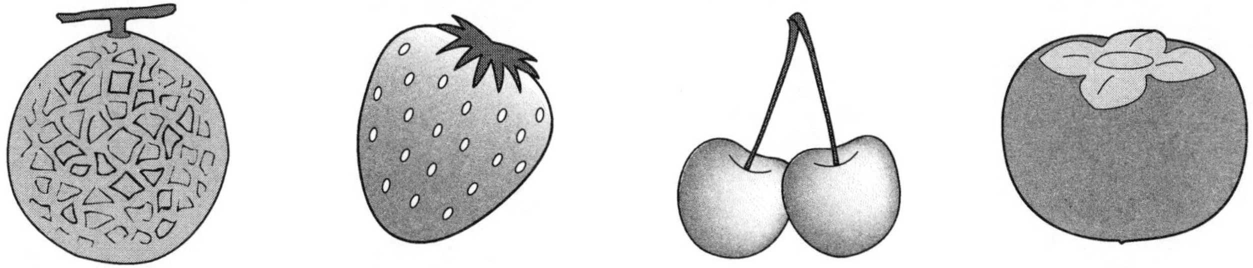

④

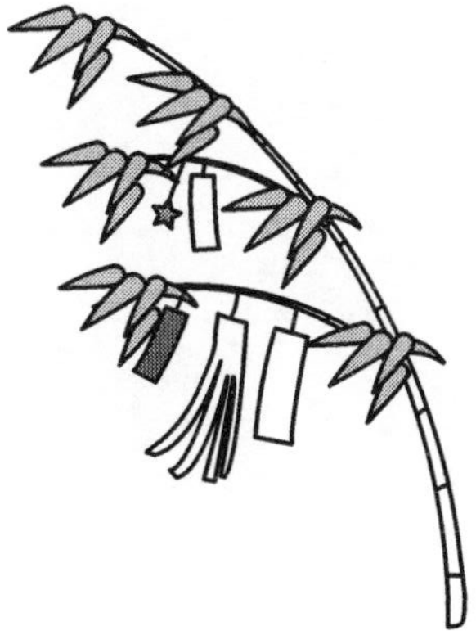

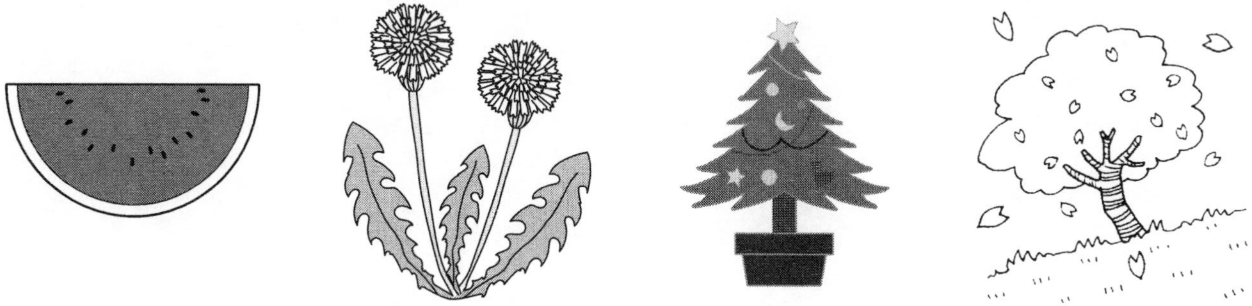

日本学習図書株式会社

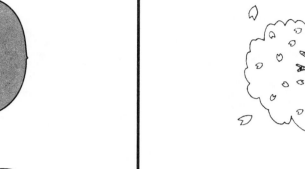

☆帝塚山学院小学校

問題３９－１

①

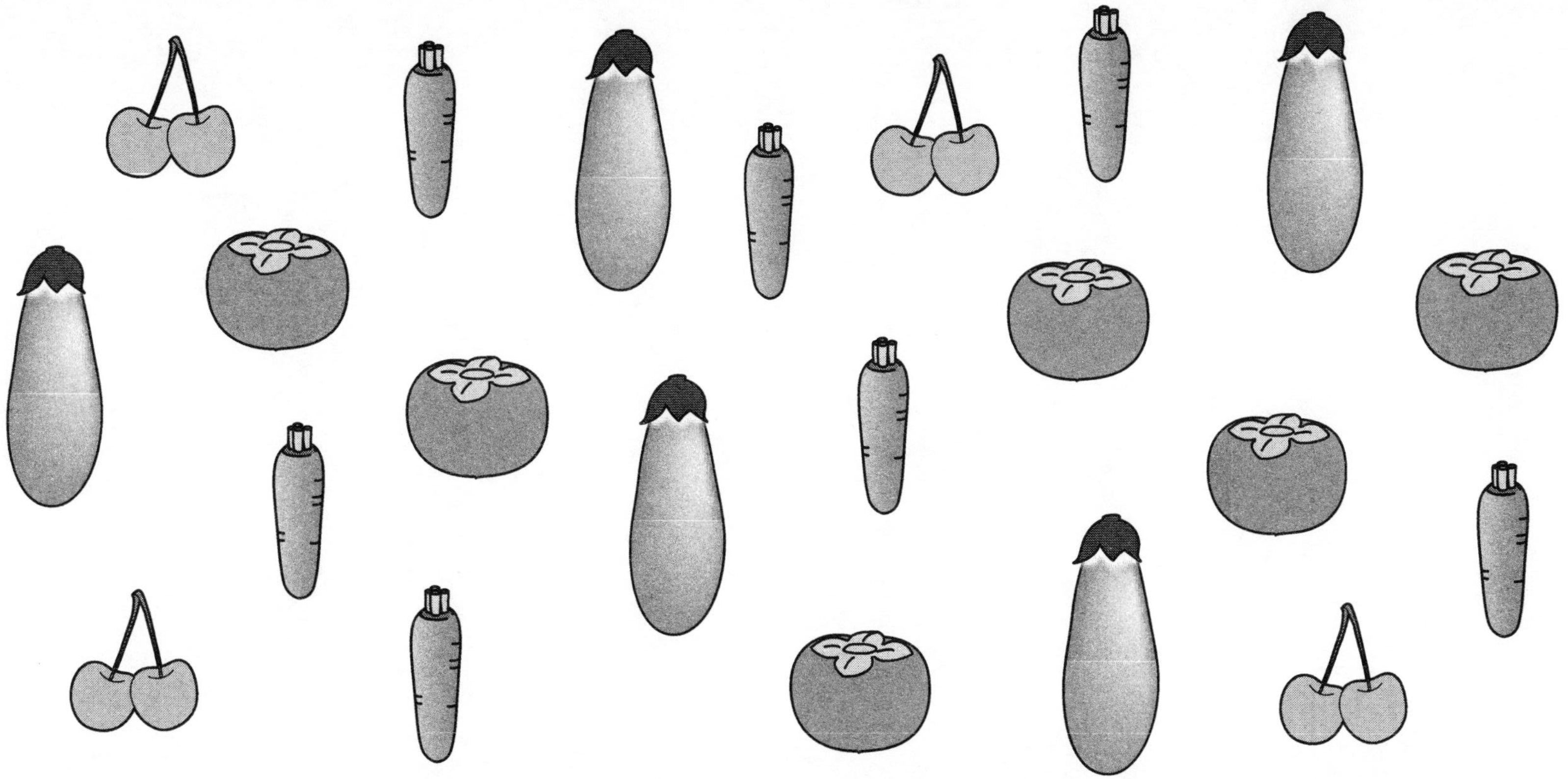

②

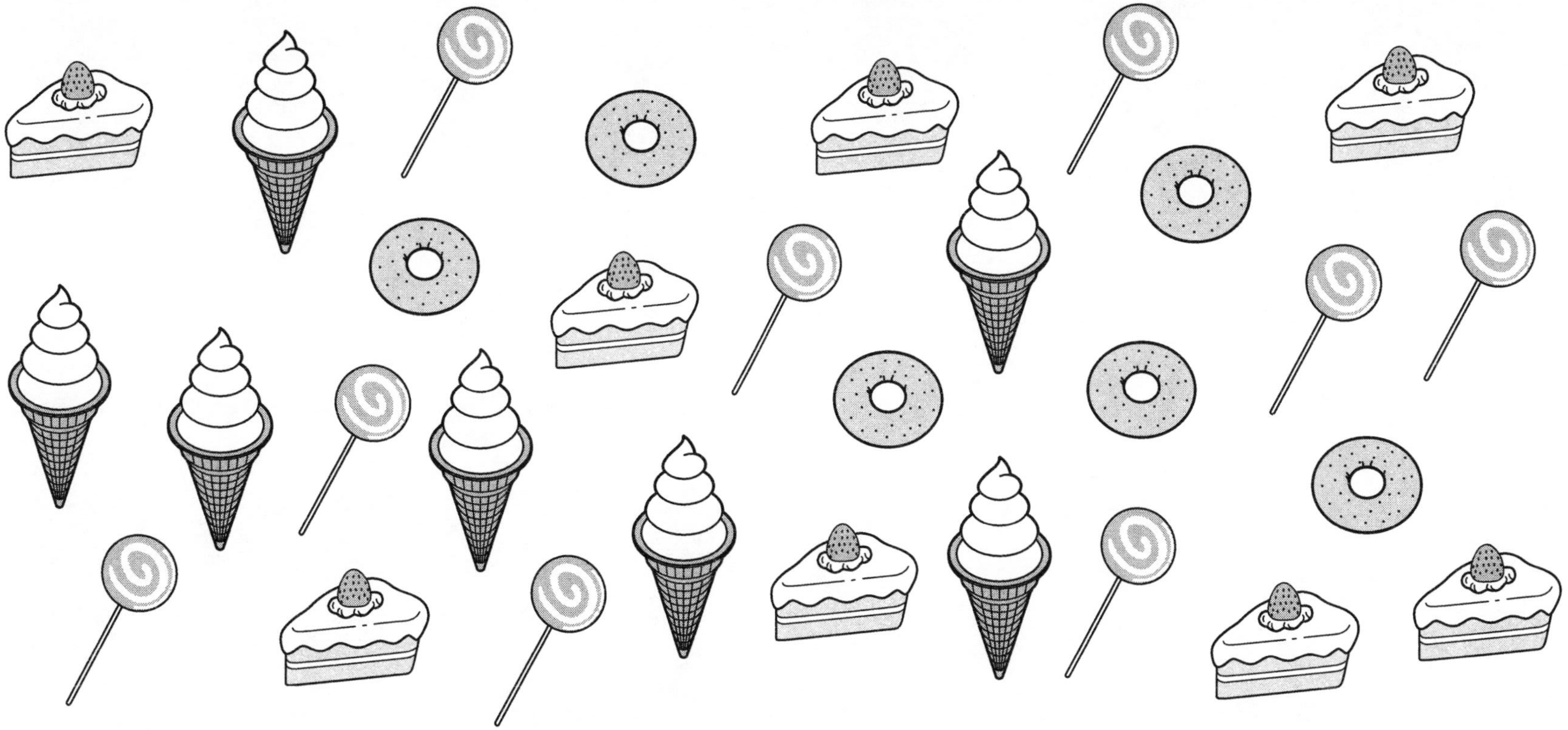

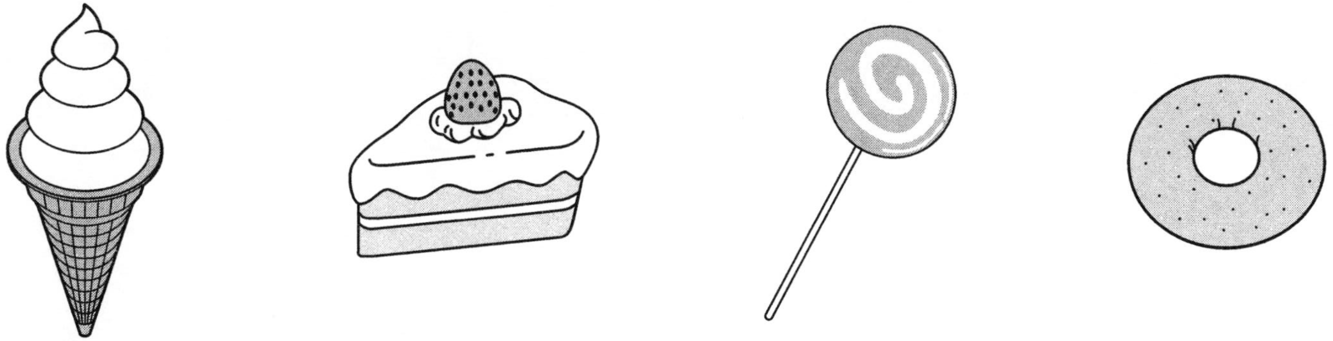

問題３９－３

③

問題４０

☆帝塚山学院小学校

☆帝塚山学院小学校

問題４１

①

②

③

わりばし

紐

クリップ

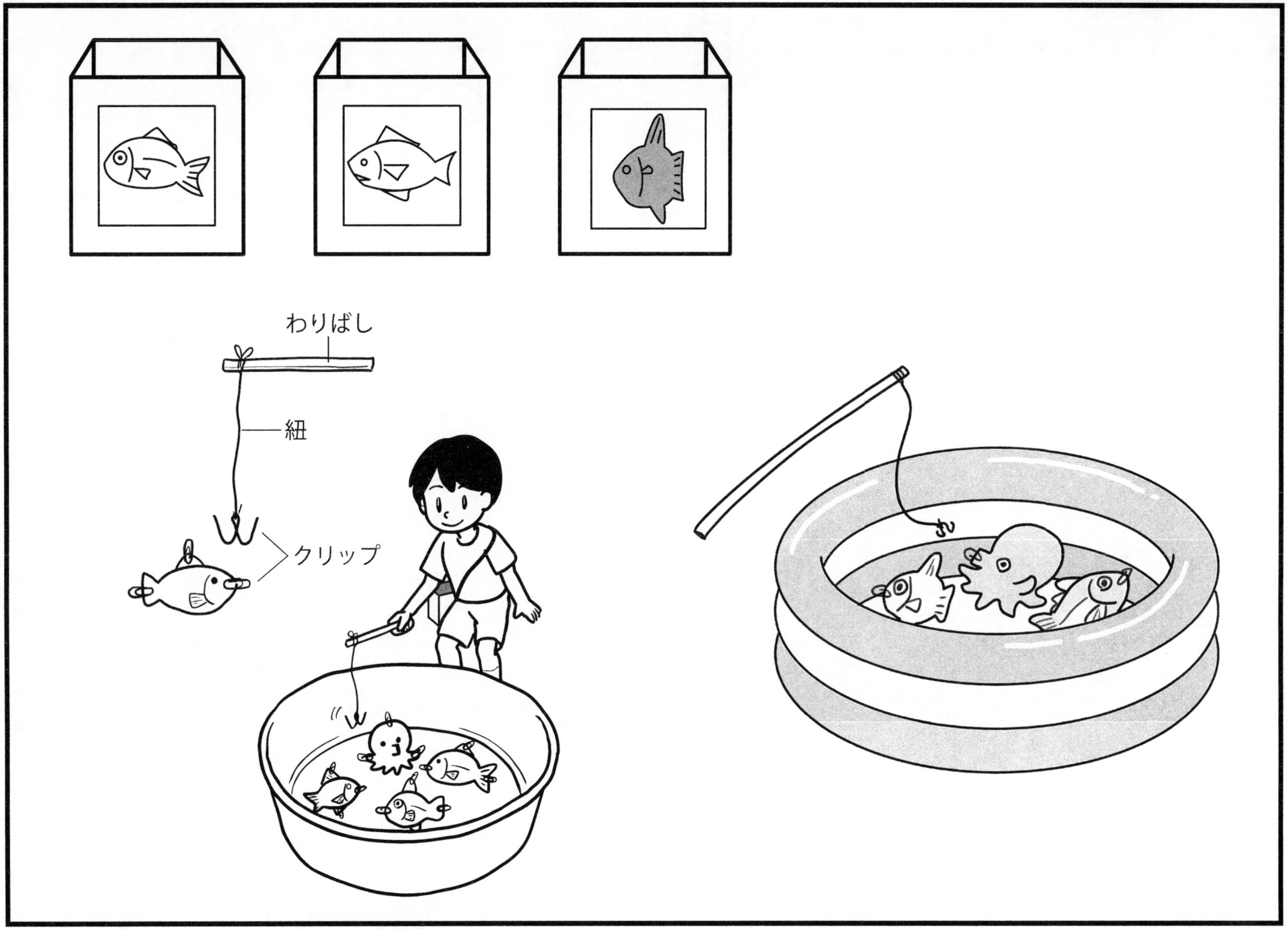

問題４４

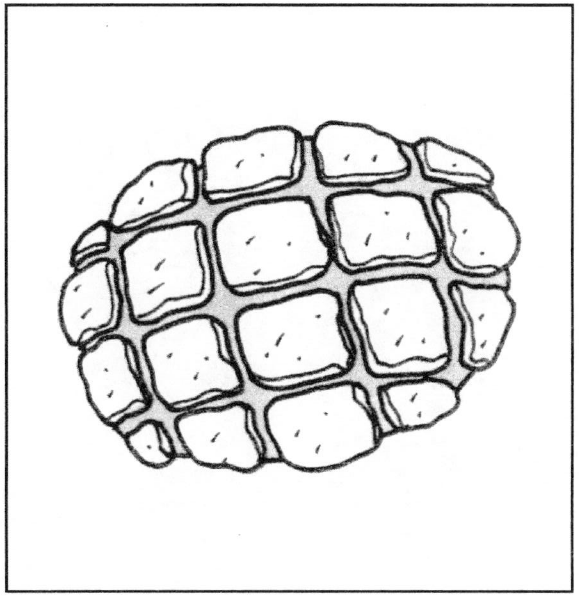

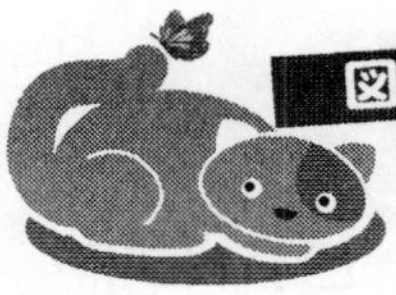

図書カード 1000 円分プレゼント

ご記入日 令和　　年　　月　　日

☆国・私立小学校受験アンケート☆

※可能な範囲でご記入下さい。選択肢は○で囲んで下さい。

〈小学校名〉＿＿＿＿＿＿＿＿＿＿＿＿　〈お子さまの性別〉男・女　〈誕生月〉＿＿月

〈その他の受験校〉（複数回答可）＿＿＿＿＿＿＿＿＿＿＿＿＿＿＿＿＿＿＿＿

〈受験日〉①：＿＿月＿＿日〈時間〉＿＿時＿＿分　～　＿＿時＿＿分

②：＿＿月＿＿日〈時間〉＿＿時＿＿分　～　＿＿時＿＿分

〈受験者数〉男女計＿＿名（男子＿＿名　女子＿＿名）

〈お子さまの服装〉＿＿＿＿＿＿＿＿＿＿＿＿＿＿＿＿

〈入試全体の流れ〉（記入例）準備体操→行動観察→ペーパーテスト

＿＿＿＿＿＿＿＿＿＿＿＿＿＿＿＿＿＿＿＿＿＿＿＿＿＿＿＿

Eメールによる情報提供

日本学習図書では、Eメールでも入試情報を募集しております。
下記のアドレスに、アンケートの内容をご入力の上、メールをお送り下さい。

ojuken@nichigaku.jp

●行動観察　（例）好きなおもちゃで遊ぶ・グループで協力するゲームなど

〈実施日〉＿＿月＿＿日〈時間〉＿＿時＿＿分　～　＿＿時＿＿分〈着替え〉□有　□無

〈出題方法〉□肉声　□録音　□その他（　　　　）〈お手本〉□有　□無

〈試験形態〉□個別　□集団（　　人程度）

〈会場図〉

〈内容〉

□自由遊び

＿＿＿＿＿＿＿＿＿＿＿＿＿＿＿＿＿＿＿＿

□グループ活動

＿＿＿＿＿＿＿＿＿＿＿＿＿＿＿＿＿＿＿＿

□その他

＿＿＿＿＿＿＿＿＿＿＿＿＿＿＿＿＿＿＿＿

●運動テスト（有・無）　（例）跳び箱・チームでの競争など

〈実施日〉＿＿月＿＿日〈時間〉＿＿時＿＿分　～　＿＿時＿＿分〈着替え〉□有　□無

〈出題方法〉□肉声　□録音　□その他（　　　　）〈お手本〉□有　□無

〈試験形態〉□個別　□集団（　　人程度）

〈会場図〉

〈内容〉

□サーキット運動

□走り　□跳び箱　□平均台　□ゴム跳び

□マット運動　□ボール運動　□なわ跳び

□クマ歩き

□グループ活動＿＿＿＿＿＿＿＿＿＿＿＿＿＿＿＿

□その他＿＿＿＿＿＿＿＿＿＿＿＿＿＿＿＿＿＿

●知能テスト・口頭試問

〈実施日〉 ＿＿月＿＿日 〈時間〉 ＿＿時＿＿分 ～ ＿＿時＿＿分 〈お手本〉☐有 ☐無

〈出題方法〉 ☐肉声 ☐録音 ☐その他（　　　　　） 〈問題数〉 ＿＿枚 ＿＿問

分野	方法	内容	詳細・イラスト
（例） お話の記憶	☑筆記 ☐口頭	動物たちが待ち合わせをする話	（あらすじ） 動物たちが待ち合わせをした。最初にウサギさんが来た。次にイヌくんが、その次にネコさんが来た。最後にタヌキくんが来た。 （問題・イラスト） ３番目に来た動物は誰か 
お話の記憶	☐筆記 ☐口頭		（あらすじ） （問題・イラスト）
図形	☐筆記 ☐口頭		
言語	☐筆記 ☐口頭		
常識	☐筆記 ☐口頭		
数量	☐筆記 ☐口頭		
推理	☐筆記 ☐口頭		
その他	☐筆記 ☐口頭		

●制作　（例）ぬり絵・お絵かき・工作遊びなど

〈実施日〉＿＿月＿＿日 **〈時間〉**＿＿時＿＿分＿～＿＿時＿＿分

〈出題方法〉　□肉声　□録音　□その他（　　　　　　）**〈お手本〉**□有　□無

〈試験形態〉　□個別　□集団（　　　　人程度）

材料・道具	制作内容
□ハサミ □のり（□つぼ　□液体　□スティック） □セロハンテープ □鉛筆　□クレヨン（　色） □クーピーペン（　色） □サインペン（　色）□ □画用紙（□ A4　□ B4　□ A3 □その他：　　　　　　） □折り紙　□新聞紙　□粘土 □その他（　　　　　　）	□切る　□貼る　□塗る　□ちぎる　□結ぶ　□描く　□その他（　　　　　　　　） タイトル：＿＿＿＿＿＿＿＿＿＿＿＿

●面接

〈実施日〉＿＿月＿＿日 **〈時間〉**＿＿時＿＿分＿～＿＿時＿＿分 **〈面接担当者〉**＿＿＿名

〈試験形態〉□志願者のみ（　　）名　□保護者のみ　□親子同時　□親子別々

〈質問内容〉

※試験会場の様子をご記入下さい。

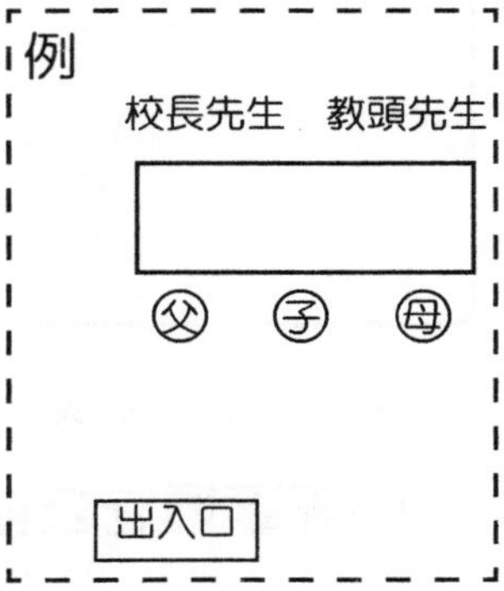

□志望動機　□お子さまの様子

□家庭の教育方針

□志望校についての知識・理解

□その他（　　　　　　　　　　　　）

（　詳　細　）

・

・

・

・

●保護者作文・アンケートの提出（有・無）

〈提出日〉　□面接直前　□出願時　□志願者考査中　□その他（　　　　　　　　）

〈下書き〉　□有　□無

〈アンケート内容〉

（記入例）当校を志望した理由はなんですか（150 字）

●説明会（□有　□無）〈開催日〉＿＿月＿＿日〈時間〉＿＿時＿＿分～＿＿時＿＿分

〈上履き〉□要　□不要〈願書配布〉□有　□無〈校舎見学〉□有　□無

〈ご感想〉

●参加された学校行事（複数回答可）

公開授業〈開催日〉＿＿月＿＿日〈時間〉＿＿時＿＿分～＿＿時＿＿分

運動会など〈開催日〉＿＿月＿＿日〈時間〉＿＿時＿＿分～＿＿時＿＿分

学習発表会・音楽会など〈開催日〉＿＿月＿＿日〈時間〉＿＿時＿＿分～＿＿時＿＿分

〈ご感想〉

※是非参加したほうがよいと感じた行事について

●受験を終えてのご感想、今後受験される方へのアドバイス

※対策学習（重点的に学習しておいた方がよい分野）、当日準備しておいたほうがよい物など

＊＊＊＊＊＊＊＊＊＊＊＊＊　ご記入ありがとうございました　＊＊＊＊＊＊＊＊＊＊＊＊＊

必要事項をご記入の上、ポストにご投函ください。

なお、本アンケートの送付期限は入試終了後３ヶ月とさせていただきます。また、入試に関する情報の記入量が当社の基準に満たない場合、謝礼の送付ができないことがございます。あらかじめご了承ください。

ご住所：〒＿＿＿＿＿＿＿＿＿＿

お名前：＿＿＿＿＿＿＿＿　メール：＿＿＿＿＿＿＿＿

ＴＥＬ：＿＿＿＿＿＿＿＿　ＦＡＸ：＿＿＿＿＿＿＿＿

分野別 小学入試練習帳 ジュニアウォッチャー

1．点・線図形	小学校入試で出題頻度の高い『点・線図形』の模写を、難易度の低いものから段階別に幅広く練習することができるように構成。
2．座標	図形の位置模写という作業を、難易度の低いものから段階別に練習できるように構成。
3．パズル	様々なパズルの問題を難易度の低いものから段階別に練習できるように構成。
4．同図形探し	小学校入試で出題頻度の高い、同図形選びの問題を繰り返し練習できるように構成。
5．回転・展開	図形などを回転、または展開したとき、形がどのように変化するかを学習し、理解を深められるように構成。
6．系列	数、図形などの様々な系列問題を、難易度の低いものから段階別に練習できるように構成。
7．迷路	迷路の問題を繰り返し練習できるように構成。
8．対称	対称に関する問題を４つのテーマに分類し、各テーマごとに問題を段階別に練習できるように構成。
9．合成	図形の合成に関する問題を、難易度の低いものから段階別に練習できるように構成。
10. 四方からの観察	もの（立体）を様々な角度から見て、どのように見えるかを推理する問題を段階別に整理し、１つの形式で複数の問題を練習できるように構成。
11. いろいろな仲間	ものや動物、植物の共通点を見つけ、分類していく問題を中心に構成。
12. 日常生活	日常生活における様々な問題を６つのテーマに分類し、各テーマごとに一つの問題形式で複数の問題を練習できるように構成。
13. 時間の流れ	『時間』に着目し、様々なものごとは、時間が経過するとどのように変化するのかということを学習し、理解できるように構成。
14. 数える	様々なものを『数える』ことから、数の多少の判定やかけ算、わり算の基礎までを練習できるように構成。
15. 比較	比較に関する問題を５つのテーマ（数、高さ、長さ、量、重さ）に分類し、各テーマごとに問題を段階別に練習できるように構成。
16. 積み木	数える対象を積み木に限定した問題集。
17. 言葉の音遊び	言葉の音に関する問題を５つのテーマに分類し、各テーマごとに問題を段階別に練習できるように構成。
18. いろいろな言葉	表現力をより豊かにするいろいろな言葉として、擬態語や擬声語、同音異義語、反意語、数詞を取り上げた問題集。
19. お話の記憶	お話を聴いてその内容を記憶、理解し、設問に答える形式の問題集。
20. 見る記憶・聴く記憶	「見て憶える」「聴いて憶える」という『記憶』分野に特化した問題集。
21. お話作り	いくつかの絵を元にしてお話を作る練習をして、想像力を養うことができるように構成。
22. 想像画	描かれてある形や景色に好きな絵を描くことにより、想像力を養うことができるように構成。
23. 切る・貼る・塗る	小学校入試で出題頻度の高い、はさみやのりなどを用いた巧緻性の問題を繰り返し練習できるように構成。
24• 絵画	小学校入試で出題頻度の高い、お絵かきやぬり絵などクレヨンやクーピーペンを用いた巧緻性の問題を繰り返し練習できるように構成。
25. 生活巧緻性	小学校入試で出題頻度の高い日常生活の様々な場面における巧緻性の問題集。
26. 文字・数字	ひらがなの清音、濁音、拗音、拗長音、促音と１～20までの数字に焦点を絞り、練習できるように構成。
27. 理科	小学校入試で出題頻度が高くなりつつある理科の問題を集めた問題集。
28. 運動	出題頻度の高い運動問題を種目別に分けて構成。
29. 行動観察	項目ごとに問題提起をし、「このような時はどうか、あるいはどう対処するのか」の観点から問いかける形式の問題集。
30. 生活習慣	学校から家庭に提起された問題と思って、一問一問絵を見ながら話し合い、考える形式の問題集。

31. 推理思考	数、量、言語、常識（含理科、一般）など、諸々のジャンルから問題を構成し、近年の小学校入試問題傾向に沿って構成。
32. ブラックボックス	箱や筒の中を通ると、どのようなお約束でどのように変化するかを推理・思考する問題集。
33. シーソー	重さの違うものをシーソーに乗せた時どちらに傾くのか、またどうすればシーソーは釣り合うのかを思考する基礎的な問題集。
34. 季節	様々な行事や植物などを季節別に分類できるように知識をつける問題集。
35. 重ね図形	小学校入試で頻繁に出題されている「図形を重ね合わせてできる形」についての問題を集めました。
36. 同数発見	様々な物を数え「同じ数」を発見し、数の多少の判断や数の認識の基礎を学べるように構成した問題集。
37. 選んで数える	数の学習の基本となる、いろいろなものの数を正しく数える学習を行う問題集。
38. たし算・ひき算1	数字を使わず、たし算とひき算の基礎を身につけるための問題集。
39. たし算・ひき算2	数字を使わず、たし算とひき算の基礎を身につけるための問題集。
40. 数を分ける	数を等しく分ける問題です。等しく分けたときに余りが出るものもあります。
41. 数の構成	ある数がどのような数で構成されているか学んでいきます。
42. 一対多の対応	一対一の対応から、一対多の対応まで、かけ算の考え方の基礎学習を行います。
43. 数のやりとり	あげたり、もらったり、数の変化をしっかりと学びます。
44. 見えない数	指定された条件から数を導き出します。
45. 図形分割	図形の分割に関する問題集。パズルや合成の分野にも通じる様々な問題を集めました。
46. 回転図形	「回転図形」に関する問題集。やさしい問題から始め、いくつかの代表的なパターンから、段階を踏んで学習できるよう編集されています。
47. 座標の移動	「マス目の指示通りに移動する問題」と「指示された数だけ移動する問題」を収録。
48. 鏡図形	鏡で左右反転させた時の見え方を考えます。平面図形から立体図形、文字、絵まで。
49. しりとり	すべての学習の基礎となる「言葉」を学ぶこと、特に「語彙」を増やすことに重点をおき、さまざまなタイプの「しりとり」問題を集めました。
50. 観覧車	観覧車やメリーゴーラウンドなどを舞台にした「回転系列」の問題集。「推理思考」分野の問題ですが、要素として「図形」や「数量」も含みます。
51. 運筆①	鉛筆の持ち方を学び、点線なぞり、お手本を見ながらの模写で、線を引く練習をします。
52. 運筆②	運筆①からさらに発展し、「欠所補完」や「迷路」などを楽しみながら、より複雑な鉛筆運びを習得することを目指します。
53. 四方からの観察 積み木編	積み木を使用した「四方からの観察」に関する問題を練習できるように構成。
54. 図形の構成	見本の図形がどのような部分によって形づくられているかを考えます。
55. 理科②	理科的知識に関する問題を集中して練習する「常識」分野の問題集。
56. マナーとルール	道路や駅、公共の場でのマナー、安全や衛生に関する常識を学べるように構成。
57. 置き換え	さまざまな具体的・抽象的事象を記号で表す「置き換え」の問題を扱います。
58. 比較②	長さ・高さ・体積・数などを数学的な知識を使わず、論理的に推測する「比較」の問題を練習できるように構成。
59. 欠所補完	線と線のつながり、欠けた絵に当てはまるものなどを求める「欠所補完」に取り組める問題集です。
60. 言葉の音（おん）	しりとり、決まった順番の音をつなげるなど、「言葉の音」に関する問題に取り組める練習問題集です。

城星学園小学校　専用注文書

年　　月　　日

合格のための問題集ベスト・セレクション

＊入試頻出分野ベスト３

1st　お話の記憶　集中力　聞く力

2nd　図　形　観察力　思考力

3rd　推　理　観察力　思考力　創造力

近畿圏では応募者数の増加が目立つ、人気の小学校です。入試内容は基礎問題だけではなく、応用問題の出題も見られます。ハウ・ツーを覚えるのではなく、思考力を鍛えるような学習が必要でしょう。

分野	書　名	価格(税込)	注文	分野	書　名	価格(税込)	注文
推理	Ｊｒ・ウォッチャー６「系列」	1,650円	冊	数量	Ｊｒ・ウォッチャー38「たし算・ひき算１」	1,650円	冊
推理	Ｊｒ・ウォッチャー７「迷路」	1,650円	冊	数量	Ｊｒ・ウォッチャー41「数の構成」	1,650円	冊
言語	Ｊｒ・ウォッチャー17「言葉の音遊び」	1,650円	冊	図形	Ｊｒ・ウォッチャー46「回転図形」	1,650円	冊
言語	Ｊｒ・ウォッチャー18「いろいろな言葉」	1,650円	冊	推理	Ｊｒ・ウォッチャー50「観覧車」	1,650円	冊
記憶	Ｊｒ・ウォッチャー19「お話の記憶」	1,650円	冊	常識	Ｊｒ・ウォッチャー55「理科②」	1,650円	冊
記憶	Ｊｒ・ウォッチャー20「見る記憶・聴く記憶」	1,650円	冊	言語	Ｊｒ・ウォッチャー60「言葉の音（おん）」	1,650円	冊
巧緻性	Ｊｒ・ウォッチャー23「切る・塗る・貼る」	1,650円	冊		実践 ゆびさきトレーニング①②③	2,750円	各　冊
巧緻性	Ｊｒ・ウォッチャー25「生活巧緻性」	1,650円	冊		保護者のための入試面接最強マニュアル	2,200円	冊
常識	Ｊｒ・ウォッチャー27「理科」	1,650円	冊		面接テスト問題集	2,200円	冊
運動	Ｊｒ・ウォッチャー28「運動」	1,650円	冊		１話５分の読み聞かせお話集①②	1,980円	各　冊
行動観察	Ｊｒ・ウォッチャー29「行動観察」	1,650円	冊		お話の記憶 初級編	2,860円	冊
常識	Ｊｒ・ウォッチャー34「季節」	1,650円	冊		お話の記憶 中級編	2,200円	冊
図形	Ｊｒ・ウォッチャー35「重ね図形」	1,650円	冊		新 小学校面接　Q&A	2,860円	冊
数量	Ｊｒ・ウォッチャー37「選んで数える」	1,650円	冊				

合計	冊	円

（フリガナ） 氏　名	電　話 ＦＡＸ E-mail
住 所　〒　　　－	以前にご注文されたことはございますか。 有　・　無

★お近くの書店、または記載の電話・FAX・ホームページにてご注文をお受けしております。
電話：03-5261-8951　FAX：03-5261-8953　代金は書籍合計金額＋送料がかかります。
※なお、落丁・乱丁以外の理由による商品の返品・交換には応じかねます。
★ご記入頂いた個人に関する情報は、当社にて厳重に管理致します。なお、ご購入の商品発送の他に、当社発行の書籍案内、書籍に関する調査に使用させて頂く場合がございますので、予めご了承ください。

日本学習図書株式会社
http://www.nichigaku.jp

帝塚山学院小学校　専用注文書

年　　月　　日

合格のための問題集ベスト・セレクション

＊入試頻出分野ベスト３

1st　お話の記憶

集中力　聞く力

2nd　図　形

観察力　思考力

3rd　行動観察

聞く力　話す力　協調性

入試内容は基礎問題中心です。偏りはあまりないので各分野の基礎をまんべんなく学びましょう。
行動観察は、内容が濃く、時間をかけて行われます。対策は過去問を中心に怠りなく行ってください。

分野	書　名	価格(税込)	注文	分野	書　名	価格(税込)	注文
推理	Ｊｒ・ウォッチャー７「迷路」	1,650円	冊	常識	Ｊｒ・ウォッチャー56「マナーとルール」	1,650円	冊
記憶	Ｊｒ・ウォッチャー19「お話の記憶」	1,650円	冊	言語	Ｊｒ・ウォッチャー60「言葉の音（おん）」	1,650円	冊
記憶	Ｊｒ・ウォッチャー20「見る記憶・聴く記憶」	1,650円	冊		お話の記憶 初級編	2,860円	冊
巧緻性	Ｊｒ・ウォッチャー23「切る・貼る・塗る」	1,650円	冊		お話の記憶 中級編	2,200円	冊
巧緻性	Ｊｒ・ウォッチャー24「絵画」	1,650円	冊		新 小学校面接　Q&A	2,860円	冊
巧緻性	Ｊｒ・ウォッチャー25「生活巧緻性」	1,650円	冊		実践 ゆびさきトレーニング①②③	2,750円	各　冊
常識	Ｊｒ・ウォッチャー27「理科」	1,650円	冊		１話５分の読み聞かせお話集①②	1,980円	各　冊
行動観察	Ｊｒ・ウォッチャー29「行動観察」	1,650円	冊		保護者のための入試面接最強マニュアル	2,200円	冊
常識	Ｊｒ・ウォッチャー30「生活習慣」	1,650円	冊				
推理	Ｊｒ・ウォッチャー31「推理思考」	1,650円	冊				
常識	Ｊｒ・ウォッチャー34「季節」	1,650円	冊				
数量	Ｊｒ・ウォッチャー37「選んで数える」	1,650円	冊				
図形	Ｊｒ・ウォッチャー46「回転図形」	1,650円	冊				
常識	Ｊｒ・ウォッチャー55「理科②」	1,650円	冊				

合計	冊	円

（フリガナ） 氏　名	電　話 ＦＡＸ E-mail
住 所　〒　　　ー	以前にご注文されたことはございますか。 有　・　無

★お近くの書店、または記載の電話・FAX・ホームページにてご注文をお受けしております。
電話：03-5261-8951　FAX：03-5261-8953　代金は書籍合計金額＋送料がかかります。
※なお、落丁・乱丁以外の理由による商品の返品・交換には応じかねます。
★ご記入頂いた個人に関する情報は、当社にて厳重に管理致します。なお、ご購入の商品発送の他に、当社発行の書籍案内、書籍に関する調査に使用させて頂く場合がございますので、予めご了承ください。

日本学習図書株式会社
http://www.nichigaku.jp

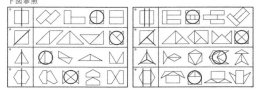

2024年度版　城星学園小学校
帝塚山学院小学校　過去問題集

発行日　2023年6月16日
発行所　〒162-0821　東京都新宿区津久戸町 3-11-9F
日本学習図書株式会社
電　話　03-5261-8951 ㈹